알코올 사용장애 인지행동치료 셀프케어
나 혼자 단주하기

저자 이국희

전남 목포 출생
公認心理師(일본 국가자격)
심리학 박사
목포대학교 금융보험/일어일문학과 졸업
일본 츄오대학(Chuo university) 심리학과 졸업
일본 내각부 외국인 상담전화 퍼플핫라인의 한국어 부문 책임자 및 상담원(2011년)
일본 츄오대학 대학원 심리학 박사학위 수여

역서 「자살예방학」
현 동경韓심리상담센터 대표
주식회사 HJC 전임 심리카운셀러
재일한국인을 위한 심리상담과 함께 인터넷 단주카페 활동으로 한국인의 단주를 응원

알코올 사용장애 인지행동치료 셀프케어
나 혼자 단주하기

초판 1쇄 인쇄   2023년 01월 17일
초판 1쇄 발행   2023년 01월 31일

신고번호   제313-2010-376호
등록번호   105-91-58839

지은이   이국희

발행처   보민출판사
발행인   김국환
기획   김선희
편집   박영수
디자인   김민정

ISBN   979-11-6957-013-8   03190

주소   경기도 고양시 일산동구 연리지로 51, 라몬테이탈리아노 411호
전화   070-8615-7449
사이트   www.bominbook.com

- 가격은 뒤표지에 있으며, 파본은 구입하신 서점에서 교환해드립니다.
- 이 책은 저작권법에 의하여 보호를 받는 저작물이므로 무단 전재와 복사를 금합니다.

알코올 사용장애 인지행동치료 셀프케어

나 혼자 단주하기

이국희 지음

이 책을 이용해서 단주를 하시는 경우,
터득한 지식과 기법들은 독자님의 뇌리 속에서 사라지지 않을 것이며,
단주성공을 위한 밑거름이 될 것입니다.

들어가는 말

이 책의 목표는 '단 한 명이라도 좋으니 누군가의 단주를 성공으로 이끌어, 그 사람이 더욱더 행복해진다'는 것입니다.

들어가는 말을 어떻게 써야 할지 사실은 많은 고민이 되었습니다. 전문적인 지식이나 한국의 현황, 본서의 내용구성 등… 일반적인 서적에서 보여지는 내용들을 썼지만 뭔가 석연치 않았습니다. 그래서 이 책을 읽으시는 독자님의 단주성공을 진심으로 바라며 부끄럽지만 제 자신의 이야기를 하고자 합니다.

학생시절에 저는 술을 많이 마셨습니다. 한국에서의 대학시절에 마셨던 술은 친구들과 즐겁게 마시는 술이었지만, 혈혈단신으로 건너온 일본에서의 대학시절에 마신 술은 유일한 저의 스트레스 해소방법이었고, 숨 쉬기조차 힘들었던 모든 문제와 복잡한 감정들의 분출구였습니다. 특히 죽고 싶을 정도로 힘들었던 대학원 시절에 저는 제 인생에서 가장 많은 술을 마셨고, 아마도 그때 제가 병원에 갔다면 알코올 사용장애라는 진단을 받았을 것이라고 생각됩니다.

결혼 후 육아를 하면서 음주는 일주일에 한두 번, 500미리 캔맥주 두 개 정도였습니다. 하지만 저는 화나는 일이 있거나 스트레스를 받는 날 주로 술을 마셨고, 아이들 앞에서 술 마시는 엄마의 모습을 보이는 것과 술 냄새를 풍기는 것, 그리고 술을 마시면 아이들 케어를 제대로 하지 못하는 것에 대해 죄책감을 가지고 있었습니다. 술을 마신 다음날은 컨디션이 나빠지고, 가족들과 함께 하고 싶은 일들을 제대로 하지 못한다는 것도 싫었습니다.

제가 처음으로 인터넷 단주카페라는 것을 알게 되고 가입한 것은 2020년 10월이었습니다. 당시에도 단주를 시도하려고 했지만 번번히 실패했던 것 같습니다. 2021년에는 절주를 하려고 했습니다. 술을 마시는 양이 많지도 않기 때문에 단주를 할 필요성은 느끼지 않았습니다. 무엇보다도 술은 유일한 저의 스트레스 해소방법이었기 때문에, 끊는다는 것은 생각조차 하지 못했습니다. 절주를 하려고 했기 때문에 일주일에 음주는 한두 번 정도로 생각하고 있었지만, 그 이상을 마시고 싶은 날도 있었고 술을 마실까 말까를 고민하며 마트 주변을 몇 바퀴를 돈 적도 있었습니다. 그렇게 고민했던 대부분의 날은 술을 마셨습니다.

평소에는 캔맥주 두 개만 마시던 저였지만, 2021년 12월 31일은 집에 온 손님들이 가져온 여러 가지 술을 섞어 마시면서 정말 오랜만에 필름이 끊기고 말았습니다. 덕분에 2022년의 새해를 여는 첫날 저는 하루 종일 누워 있었습니다. 정신을 차리고 나서 보니 이제는 절주가 아닌 단주를 해야겠다는 생각이 들었습니다. 이대로 술을 계속해서 마시다 가는 언젠가 좋지 않은 일들이 일어날 것이라는 생각이 들었고, 나와 내 가족에게 술이 결코 유익하지 않다는 확신이 들었기 때문입니다.

그렇지만 20년 넘게 자유롭게 마셔왔던 술을 어떻게 완전히 끊을 수 있을지 자신이 없었습니다. 그때 저의 뇌리 속을 스친 것은 인지행동치료였습니다. 인지행동치료의 워크시트를 매일 적어 넣으며 저는 참으로 쉽게 단주에 성공하였지만, 5개월 후 다시 술을 마시게 됩니다. 이때 음주 재발을 하였던 가장 큰 이유는, 다음과 같이 음주를 합리화하는 음주 중심의 사고가 제 안에 존재한다는 것을 경계하지 않았고, 그에 대한 대책을 세우지 않았었기 때문이었습니다.

> '매일 매일 정말 힘들어서 못 해먹겠다. 술이라도 마셔야 버티지.'
> '캔맥주 두 개 정도는 기분전환이야. 취하지만 않으면 돼.'
> '내가 알코올 사용장애도 아니고, 왜 단주를 해?'
> '주위에서도 다들 마시고 있어.'
> '고생했으니까 나도 마실 자격이 있어.'

2022년의 첫 번째 단주에 실패하고 4개월 후인 9월 25일, 저는 가족들과 함께 저녁을 먹으러 들어간 음식점에서 와인을 한 잔 주문하려고 했던 것이 잘못 주문이 들어가 500미리의 와인이 나왔고, 전부 마셨습니다(이날은 제 인생에서 마지막으로 술을 마신 날입니다).

취하지도 않았고 기분이 적당히 좋은 정도였지만, 그날도 역시 저는 잠을 제대로 이루지 못하였고, 제가 단주를 왜 해야 하는지에 대해서 인지행동치료의 '손익법'이라는 기법을 이용해서 다음과 같이 검토해보았습니다(손익법은 음주가 자신에게 주는 이득과 손해의 양쪽을 숙고하는 기법입니다).

> 아이들에게 술 마시는 엄마의 모습을 보이고 싶지 않다. 아이들이 나중에 엄마가 돼서, 나처럼 스트레스 해소방법으로 음주를 하지 않았으면 한다. 술을 마시면 아이들의 얼굴을 보고 같이 놀다가 잠이 들 수 없다.
>
> 술을 마신 다음날 나의 컨디션은 100%가 아니다. 평소대로 일찍 일어날 수 없고, 다음 날에는 외출도 하기 싫고 아무것도 하기 싫어진다. 평일에는 되도록 참고 금요일 저녁에만 마신다고 해도 황금 같은 나의 토요일은 완전히 내 것이 아니어진다.
>
> 지금은 일주일에 한두 번, 캔맥주 두 개 정도이지만, 언젠가 지금보다 훨씬 주량이 늘 수 있다. 그렇게 되면 정말 상상조차 하기 싫은 그런 모습의 내가 되어 있을지도 모르고, 가족들에게 고통을 주게 될 것이다.
>
> 술을 마신 날은 잠을 제대로 이룰 수 없고, 엄마로서 술을 마신 죄책감과 내 스스로를 컨트롤할 수 없다는 자괴감, 무능감으로 나의 자존 감정은 바닥까지 가라앉는다.
>
> 단주는 나와 내 가족들이 행복해지기 위한 하나의 수단이다. 나는 나와 내 가족의 삶을 위험으로 빠트릴 가능성이 단 1%가 있다고 하더라도, 그 1%를 제거하기 위해 내가 할 수 있는 것이 있다면 나는 기꺼이 해야 한다.
>
> 아무리 적은 양이더라도 나에게 자괴감을 안겨준다면 술은 결코 나에게 유용하지 않다는 것을 의미하며, 그렇다면 단주는 나에게 있어 현명한 선택이다.

음주가 저에게 주는 이득은 아무리 생각해보아도 떠오르지 않았고, 음주가 주는 손해와 단주가 주는 이득만이 셀 수 없이 떠올랐습니다. 이러한 생각들과 함께 저에게 있어서 단주의 의미는 더 이상 술을 참는 것이 아니라 마실 필요가 없는 것이 되었습니다. 이러한 사고의 변화가 일어난 후, 저에게는 술을 참는 고통스러운 단주가 아니라 평온한 단주가 시작되었습니다.

술을 참아야 함 ➡ 술을 마실 필요가 없음

저는 고기를 싫어합니다. 지글지글 구워지는 삼겹살을 보면 고소할 것 같고 먹음직스러워 보인다는 생각이 들지만, 먹고 싶다는 생각은 전혀 들지 않습니다. 평온한 단주가 시작된 후, TV에서 제가 즐겨 마시던 맥주 광고가 나와도 시원하고 맛있어 보인다는 생각은 들지만, 마시고 싶다는 생각은 더 이상 들지 않습니다. 인터넷 단주카페에서 저의 단주에 대하여 어느 회원님께서 신기하다고 말씀하셨는데, 이것이 바로 제가 힘들지 않게 단주를 유지할 수 있는 비결입니다.

단주를 시도하는 많은 분들께서 단주에 실패하시는 이유는 갈망에 지기 때문입니다. 오랫동안 자신의 생활을 지배해왔으며 삶의 중심이 되어 있는 음주를 합리화하는 갈망을 정복하고 깨부셨을 때, 단주는 더 이상 참고 견뎌야 하는 것이 아니라, 평온한 삶의 당연한 일상이 되는 것입니다.

인터넷 카페 활동을 하면서 발견한 점이 한 가지 있습니다. 단주에 성공하고 계신 분들께서는 스스로 인식하지 못하시지만 인지행동치료의 기법을 일상생활에 적용하고 계신다는 것이었습니다. 감사일기, 음주로 인한 문제점 기록하기, 일상생활 스케줄 관리 등이 여기에 해당합니다.

어느 회원님께서는 단주를 시작하기는 하였지만 하루하루를 견디는 것이 너무나 괴롭다는 글을 남기셨습니다. 이분에게 있어서 단주는 그야말로 술을 참는 것이었고, 언제 음주재발이 일어날지 모르는 위태로운 상황으로 보였습니다. 저는 음주가 주는 손해를 고려해서 매일 적어보시도록 그분의 글에 댓글을 달았습니다. 그러자 다음날부터 그분은 매일 단주카페에 단주일기를 쓰면서 단주를 이어가셨습니다.

이 책에서 특필할 것은 알코올 사용장애의 당사자와 가족이 직접 쓰신 수기를 싣고 있다는 것입니다. 정말로 감사하게도 단주카페에서 활동 중이신 회원님들께서 자신들의 글을 이 책에 실을 수 있도록 허락해주셨습니다. 알코올 사용장애의 위험성에 대한 지식과 정보는 인터넷이나 책에서 쉽게 손에 넣을 수 있지만, 그 실상이 어떤 것인지에 대해서는 이 책에 실린 수기를 통해 간접 체험하실 수 있으실 것입니다. 어쩌면 수기의 내용이 미래의 나와 내 가족의 모습이 될 수도 있음을 잊지 마시기를 바라며, 단주를 향한 원동력과 계기가 되었으면 하는 것이 수기의 게재를 허락해주신 회원님들과 저의 바람입니다.

여기에서 독자님께 두 가지 부탁을 드리고 싶습니다. 첫 번째는 자신 또는 가족의 단주를 원하고 있지만 용기와 의욕이 나지 않거나 구체적인 방법을 모르실 경우, 우선은 인터넷 단주카페에 가입하시기 바랍니다. 단주카페에는 다음과 같은 다양한 이점들이 존재합니다.

① 이용의 제약이 없음 : 시간적, 장소적으로 이용이 자유로움.
② 익명성 : 님의 눈을 의식하지 않아도 됨, 신원이 노출되지 않음.
③ 정보 입수 : 글쓴이의 경험의 개별성은 있지만 실용적이고 즉각적인 정보입수 가능.
④ 카타르시스 효과 : 가까운 이에게도 말하기 힘든 속마음을 털어놓으면서 후련함과 동시에 일종의 해방감을 느낄 수 있음.

⑤ 동기부여 : 알코올 사용장애 당사자의 가족이나 알코올 사용장애 중증의 당사자가 쓴 수기로부터 느낄 수 있는 위기의식이 동기부여로 연결될 수 있음. 또한 단주에 성공한 이들의 단주에 의한 삶의 질 향상을 목격함으로써 이 또한 동기부여로 연결될 수 있음.

⑥ 고독감의 경감 : 문제를 가지고 있는 이는 나 혼자가 아니라는 것을 스스로 의식하여 고독감이 경감됨.

⑦ 단주의 유지 : 매일 출석체크를 함으로써 단주일기 작성과 동기부여를 유지함.

⑧ 대인관계 스트레스의 최소화 : 직접 대면으로 활동하는 것이 아니기 때문에, 인간관계에서 오는 스트레스가 적다고 할 수 있음.

⑨ 임파워먼트(Empowerment) : 음주문제에 의해 비판, 비난을 받기 쉬운 당사자들이 일반적으로 얻기 힘든 칭찬과 격려를 받을 수 있음.

⑩ 관찰효과 : 단주에 성공한 사람들을 관찰하며, 비슷한 방법을 시도하거나 롤모델로 삼을 수 있음.

⑪ 동질감과 연대감 : 연령, 성별, 학벌, 직업 등에 의해 구별되는 한국 사회 특유의 계층적 구분에 상관없이 단주라는 공통의 목표를 향하고 있다는 동질감과 연대감을 가질 수 있음.

단주를 위해서는 단주회 모임이 효과적이라고 알려져 있습니다. 하지만, 여러 가지 제약으로부터 선뜻 발을 옮기기는 쉽지 않습니다. 그런 의미에서도 손쉽게 지금 당장 핸드폰만 있으면 이용할 수 있는 인터넷 단주카페의 활동은 단주에 반드시 도움이 될 것이라고 생각됩니다.

두 번째는 단주를 시도하다가 실패하셨다고 해도, 부디 포기하지 마시기 바랍니다. 단주에 성공한 이들은 그 전에 몇 번의 실패를 거칩니다. 차라리 실패는 당연히 있다고 생각하고 미리 대비하는 편이 나을지도 모릅니다. 왜냐하면 실패에 의한 자존감의 하락은 단주의 의지를 낮추는 요인이 될 수도 있기 때문입니다. 거듭되는 실패에도 단주를 포기하지 않는 분들께서 단주에 성공하게 됩니다. 실패를 하더라도 그것은 결코 지금까지의 수고가 모두 헛된 것이라는 것을 의미하지 않습니다. 가령 이 책을 이용해서 단주를 하시는 경우, 터득한 지식과 기법들은 독자님의 뇌리 속에서 사라지지 않을 것이며, 다음의 단주성공을 위한 밑거름이 될 것입니다. 단주에 실패하시더라도 이 책을 버리지 마시고 눈에 띄는 곳에 두면서 기분을 재충전하신 후에 다시 단주에 도전하시기 바랍니다.

알코올 사용장애로부터 회복된다는 것은 쉬운 일이 아닙니다. 회복된다는 것은 술이 지배하고 있는 자신의 생각과 행동, 생활습관 모두를 바꾸어야 가능하기 때문입니다. 그렇기 때문에 단주에 성공했을 때 자신에게 돌아오는 그 대가는 결코 값어치를 따질 수가 없을 것입니다. 단주카페에서 단주에 성공하신 분들 중에는 간혹, 단주 후 자신에게 별다른 변화가 없다는 말씀을 하시는 분들이 계십니다. 하지만 별다른 변화가 없다는 것은, 단주하지 않았더라면 훨씬 더 악화되어야 했을 상황이 단주로 인해 더 이상 악화되지 않고 있으며, 지극히 정상적인 일상생활이 돌아오고 있음을 의미합니다. 이러한 상황이야말로 단주가 가져다주는 극적인 변화라고 할 수 있습니다.

단주에 성공할 수 있는 유일한 방법은 포기하지 않는 것입니다. 술과의 전쟁에서 이기기 위해 독자님에게 이 책은 칼이 될 것이고, 필기도구는 이 책의 내용들을 자신의 것으로 만드는 방패가 될 것입니다. 칼과 방패가 준비되셨다면 앞으로 나아가시죠!

- 2023년 1월
저자 **이국희**

목차

들어가는 말 · 4

제1장. 지피지기 백전불태

목표 1. 술에 대해 제대로 알기 · 14
01. 술의 나라, 한국 · 15
02. 술과 알코올, 알코올 사용장애 · 19
03. 알코올 사용장애의 진행단계 · 23
04. 알코올 사용장애는 유전이고 불치병이다? · 38
05. 어떤 사람들에게 단주가 필요한가? · 47

목표 2. 인지행동치료가 무엇인지 알기 · 50

제2장. 인지행동치료 실전

목표 1. 음주 중심의 생각에서 벗어나기 · 58
미션 01. 단주를 결단하라(나의 마지막 이미지 해보기) · 59
미션 02. 나에게 술을 마시고 싶어지게 하는 생각을 잡아라(인지모델도) · 70
미션 03. 단주를 방해하는 생각을 검증하라(행동실험) · 76
미션 04. 단주에 성공한 나를 상상하라(이미지법) · 82
미션 05. 음주의 이익과 손해를 객관적으로 고려하라(손익분석) · 88

목표 2. 일상생활 개선하기 · 94
미션 06. 얼마나 마시고 있는지와 나의 생활패턴을 파악하라(음주일기 & 활동기록표) · 95

미션 07. 술을 마시는 상황을 객관적으로 검토하라(상황분석 & 발코니법) · 106

미션 08. 단주를 위한 아이디어를 수집, 선별하라(브레인 스토밍 & 문제해결법) · 117

미션 09. 단주를 실행에 옮기라(단주기록표) · 123

미션 10. 일상생활을 개선하라(스케줄법) · 128

미션 11. 불면증을 극복하라(불면증 인지행동치료) · 135

미션 12. 일상생활의 긍정적인 요소를 늘리라(행동활성화) · 142

목표 3. 갈망 정복하기 · 153

미션 13. 음주갈망에 즉각적으로 대처하라(감정과 이성의 롤 플레이) · 154

미션 14. 단주를 방해하는 생각을 전환하라(사고분석표) · 161

미션 15. 나에게 스트레스를 유발하는 부정적인 생각의 버릇을 파악하라(왜곡된 인지) · 174

목표 4. 위기상황 대비하기 · 180

미션 16. 술자리에 대비하라(액션플랜) · 181

미션 17. 우울, 불안, 분노, 스트레스를 즉각적으로 잠재우라(사고스톱법) · 187

미션 18. 음주의 유혹과 갈망감이 들 때의 나에게 들려주라(코핑카드) · 195

미션 19. 음주몽에 대비하라(음주몽 대책 세우기) · 201

미션 20. 음주재발의 징후를 체크하라(재발의 신호 체크하기) · 207

목표 5. 나의 내면 치유하기 · 213

미션 21. 긍정적인 생각과 감정을 회복하라(포지티브 카드) · 214

미션 22. 나를 지배하는 중핵신념을 전환하라(나의 내면 들여다보기) · 220

미션 23. 내 안의 어린 나를 치유하라(편지쓰기) · 226

미션 24. 내가 가지고 누리고 있는 것들을 인식하라(내가 가진 것들 재발견하기) · 232

인지행동치료 워크시트 복사용 · 236

참고인용문헌 · 266

맺는말 · 270

제1장

지피지기 백전불태
(知彼知己 白戰不殆)

: 적을 알고 나를 알면
백 번 싸워도 위태롭지 않다.

목표 1

술에 대해 제대로 알기

01
술의 나라, 한국

우리가 술을 마시면 체내에 들어온 알코올은 간장에서 아세트 알데히드로 분해됩니다. 아세트 알데히드는 우리의 인체에 해로운 독극물로, 이것을 다시 인체에 무해한 초산으로 분해하는 효소가 알데히드 탈수소효소입니다. 알데히드 탈수소효소에는 몇 가지 종류가 있는데 가장 중요한 것이 2형 알데히드 탈수소효소(ALDH2)입니다. ALDH2는 활동이 강한 사람과 약한 사람이 있는데, 그 유전자는 부모로부터 각각 1개씩을 물려받아 활성형, 헤태로결손형, 호모결손형의 세 가지 체질로 나뉩니다[8].

표 1. 알코올 분해효소와 유전의 관계

ALDH2 / 유전자	활성형 (ALDH2*1/*1): 많이 마셔도 얼굴이 붉어지지 않음. 술이 셈.	헤태로결손형 (ALDH2*1/*2): 얼굴은 약간 붉어짐, 적당히 마실 수 있음.		호모결손형 (ALDH2*2/*2): 한 잔만 마셔도 얼굴이 매우 붉어짐. 술을 거의 못 마심.
아버지	강함	약함	강함	약함
어머니	강함	강함	약함	약함

호모결손형인 사람은 한 잔만 마셔도 얼굴이 붉어지고 맥박이 빨라지며 두통, 구토 등의 불쾌 반응이 나타나기 때문에 음주를 피하게 되어 알코올 사용장애의 위험성도 낮습니다. 술을 체질적으로 마실 수 있는 헤태로결손형과 활성형 중에 알코올 사용장애의 위험성이 더 높은 쪽은 술을 많이 마실 수 있는 활성형으로 알려져 있습니다[9].

이 세 가지 형의 비율은 인종에 따라 크게 나뉩니다. 우선 백인과 흑인에서는 활성형이 100%로 호모결손형과 헤테로결손형은 거의 존재하지 않습니다. 연구결과에 따라 약간 차이가 있지만, 황인종인 경우 민족별로 일정 비율의 호모결손형과 헤테로결손형이 존재한다고 밝혀져 있습니다[12].

표 2. 나라별 ALDH2 비율

	활성형 (ALDH2*1/*1)	헤테로결손형 (ALDH2*1/*2)	호모결손형 (ALDH2*2/*2)
한국인	63~72%	26~34%	2~3%
중국인	45~78%	20~47%	1~8%
일본인	48~59%	33~48%	1~8%

한국인은 약 30-40%, 중국인과 일본인은 약 30-50%가 체질적으로 술을 잘 마시지 못하는 사람들입니다. 그런데 알코올 사용장애율(2016년, 15세 이상)을 나라별로 보면, 한국은 상위권에 위치하고 있으며, 일본보다 훨씬 비율이 높음을 알 수 있습니다(표3)[37]. 즉, 체질적으로 술을 마시기 힘든 사람이 일정 비율로 존재하는 대한민국이, 체질적으로 술을 마실 수 있는 백인들의 많은 나라들보다도 더 높은 알코올 사용장애율을 나타내고 있다는 사실입니다.

여성은 남성보다도 단기간에 알코올 사용장애가 중증으로 진행되기 때문에, 남성보다 더욱더 알코올의 위험성이 높다고 알려져 있습니다[13]. 그러나 대한민국 여성의 알코올 사용장애율의 순위는 남성보다 더 높다는 사실에도 우리는 주목하여야 합니다.

표 3. 나라별 연간 알코올 사용장애율(%)

	남자		여자			남자		여자	
1	헝가리	36.9	미국	10.4	19	포르투갈	11.0	포르투갈	3.2
2	라트비아	28.8	스웨덴	7.3	20	덴마크	10.9	스위스	3.2
3	슬로베니아	23.5	헝가리	7.2	21	체코	10.6	프랑스	3.1
4	슬로바키아	22.8	대한민국	6.8	22	노르웨이	10.6	그리스	2.9
5	폴란드	22.7	오스트리아	6.1	23	룩셈부르크	10.5	호주	2.7
6	에스토니아	22.2	영국	4.7	24	칠레	10.3	룩셈부르크	2.7
7	대한민국	21.2	라트비아	4.6	25	독일	9.8	뉴질랜드	2.5
8	리투아니아	19.9	슬로베니아	4.5	26	이스라엘	9.8	슬로바키아	2.5
9	오스트리아	18.1	벨기에	4.3	27	그리스	9.4	이스라엘	2.1

10	미국	17.6	덴마크	4.2
11	스위스	16.1	캐나다	4.1
12	핀란드	14.8	아일랜드	4.1
13	스웨덴	14.7	독일	4.0
14	아일랜드	13.0	에스토니아	3.8
15	영국	13.0	핀란드	3.8
16	벨기에	12.1	노르웨이	3.8
17	캐나다	12.0	폴란드	3.7
18	프랑스	11.1	리투아니아	3.6

28	터키	8.1	아이슬란드	2.0
29	아이슬란드	6.7	칠레	1.9
30	호주	6.1	체코	1.7
31	일본	5.7	터키	1.7
32	뉴질랜드	5.6	일본	1.4
33	멕시코	4.3	이탈리아	1.0
34	스페인	2.7	네덜란드	0.9
35	네덜란드	2.0	스페인	0.5
36	이탈리아	1.7	멕시코	0.4

알코올 소비량(2019년)을 보면, 한국은 중국의 거의 두 배의 양으로 한·중·일 중 가장 높은 알코올 소비량을 보이고 있습니다[11].

표 4. 15세 이상의 1인당 알코올 소비량

	알코올 소비량
중국	4.5L
일본	7.1L
한국	8.3L
OECD 평균	8.7L

또한 한 달에 한 번 이상 음주한 사람의 비율을 한일 간에 비교해보면[26, 27], 한국인은 일본인보다 음주하는 사람의 비율이 높으며, 여기에서도 특히 여성에서 이러한 경향이 두드러짐을 알 수 있습니다.

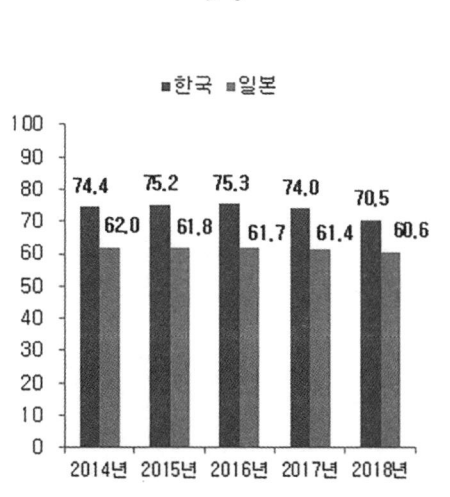
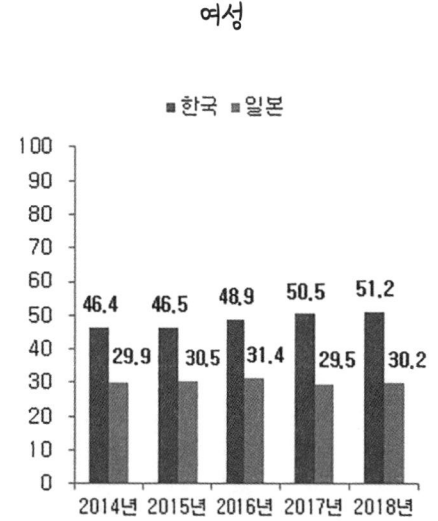

그림 1. 월 1회 이상 음주자 비율의 한국, 일본 비교

지금까지 살펴본 내용에서 중요한 점을 다시 한번 정리해보면 다음과 같습니다.

① 한국인은 일본/중국과 마찬가지로 서양인과 다르게 술을 체질적으로 마시기 힘든 사람들이 일정 비율로 존재함에도 불구하고 서양인과 거의 다를 바 없이 많은 양의 술을 마시고 있다.
② 한국과 마찬가지로 체질적으로 술을 마시기 힘든 사람들이 일정 비율로 존재하는 일본/중국과 비교했을 때에, 한국인은 더 많은 술을 마신다.
③ 한국인 여성의 알코올 사용장애율의 순위는 남성보다 더 높다.

술을 많이 마시는 나라, 술을 마시는 사람들이 많은 나라, 한국에 우리는 살고 있습니다.

02
술과 알코올, 알코올 사용장애

심리학 용어 중에 '가르시아 효과'라는 말이 있습니다. 쉽게 예를 들자면 생굴을 먹고 식중독에 걸려 고생한 적이 있는 사람은 이후에 생굴을 쳐다보지도 않게 된다는 것입니다. 그런데 술에 대해서 생각해보면 어떨까요? 만약 술이 그저 음식이라면 술을 대량으로 마시고 구토를 하거나 술병이 나서 앓아눕게 되면 두 번 다시 술을 마시지 않게 되어야 하는데, 많은 사람들이 술을 마시고 다음날 일어나지 못할 정도로 호되게 고생을 해도 또 술을 마십니다.

그렇다면 술이 다른 음식들과 다른 점은 무엇일까요? 그것은 바로 술에 알코올이 포함되어 있다는 사실입니다. 흔히 말하는 알코올 도수는 그 술 중에 알코올이 몇 % 포함되어 있는 것인지를 나타내는 것입니다. 술을 마시면 취하고 기분이 좋은 이유는 술에 들어있는 알코올이 뇌에 직접 작용해서 도취감이나 행복감 등의 쾌감을 안겨주기 때문입니다.

유명인들에게서 종종 문제가 되는 대마초나 각성제, 코카인, 아편 등의 마약과 함께 알코올은 의존성 약물입니다. 술을 마신다는 것은 즉 의존성 약물인 알코올이 우리의 체내에 들어간다는 것을 의미합니다.

> **알코올(= 의존성 약물) ➡ 술**
> **알코올은 유해성 1위의 의존성 약물**

2010년에 영국에서 발표된 연구에서는, 알코올은 헤로인, 코카인, 대마 등의 마약을 제치고 자신과 주위 사람들에 대한 유해성이 가장 높은 약물이라고 결론짓고 있습니다[14]. 대마초나 코카인 같은 마약과는 다르게 술은 매우 저렴하고 어디서든 쉽게 구입할 수 있다(입수용이성)는 사실로부터도 술은 다른 의존성 약물보다 훨씬 더 그 폐해가 크다고 말하지 않을 수가 없습니다. 만약 한국에서 판매되는 맥주, 소주, 막걸리와 같은 술들이 양주와 마찬가지로 매우 고가였다면 지금처럼 많은 음주의 폐해들이 생겨났을지 의문입니다.

한편, 한국에서는 음주로 인한 문제를 가지고 있는 사람을 일컬어 일반적으로 "저 사람은 알코올중독이다"라고 말합니다. 단주카페에서도 알코올중독과 알코올의존 등 여러 가지 단어가 혼재합니다. 알코올과 관련된 용어들의 뜻을 정리하면 다음과 같습니다[15].

표 5. 알코올 사용장애 관련 용어 정리

■ **내성**
중독(원하는 효과)을 얻기 위하여 대량의 물질을 섭취할 필요가 있거나, 같은 양의 섭취를 계속한 경우 현저하게 그 효과가 감소하는 것.

■ **금단**
장기간에 대량의 알코올을 섭취한 후, 그 섭취를 줄였을 때 약 4~12시간 내에 불쾌한 증상이 나타남. 알코올에 의한 금단은 불쾌하고 강력한 경우가 있으므로, 유해한 결과가 있을 것임에도 불구하고 금단증상을 피하기 위해 알코올 섭취를 계속하기도 함.

■ **알코올중독**
알코올 섭취 중 또는 섭취 후 출현하는 임상적으로 저명한 부적응 행동과 심리학적 변화(부적절한 성적 또는 공격적 행동, 기분 불안정, 판단 저하, 사회적 또는 직업적 기능장애).

■ **알코올남용**
계속적인 알코올의 소비가 중대한 사회적, 대인적 문제를 유발시키고 있음을 알고 있으면서도 알코올 소비를 계속함. 의존보다 증상이 적고 중증도가 낮으며 의존의 존재가 확실히 부정되는 경우.

■ **알코올의존**
내성의 증거 또는 금단증상이 있는 경우.

■ **알코올 사용장애**
알코올남용과 알코올의존이 통합된 개념. 경증, 중등증, 중증으로 나뉨.

정신의학적 진단기준인 DSM은 개정을 거듭하고 있습니다. 이전에는 알코올남용과 알코올의존이 나뉘어져 있었습니다만, 현재의 DSM-5(정신질환 진단 및 통계편람)에서는 알코올의존과 알코올남용이 알코올 사용장애(Alcohol Use Disorder)라는 하나의 질환군으로 통합되었습니다.

즉 음주로 인한 신체적, 정신적 폐해를 가지고 있는 경우, 일반적으로 말하는 알코올중독이 아니라 알코올 사용장애라는 용어가 적절하다고 말할 수 있겠습니다. 이 책에서도 혼란을 피하기 위해 알코올 사용장애라는 용어를 사용하겠습니다(단, DSM-5 개정 이전의 연구결과에 대해서는 알코올 남용과 의존이라는 단어를 사용합니다).

다음은 DSM-5의 알코올 사용장애 진단기준입니다.

표 6. 알코올 사용장애의 진단기준(DSM-5)

임상적으로 현저한 손상이나 고통을 일으키는 문제적 알코올 사용 양상이 지난 12개월 이내에 다음의 항목 중 적어도 2개 이상(2~3개 : 경도 / 4~5 : 중등도 / 6개 이상 : 중도) **나타난다.**

1. 알코올을 종종 의도했던 것보다 많은 양, 혹은 오랜 기간 동안 사용함.
2. 알코올 사용을 줄이거나 조절하려는 지속적인 욕구가 있음. 혹은 사용을 줄이거나 조절하려고 노력했지만 실패한 경험들이 있음.
3. 알코올을 구하거나, 사용하거나 그 효과에서 벗어나기 위한 활동에 많은 시간을 보냄.
4. 알코올에 대한 갈망감, 혹은 강한 바람, 혹은 욕구.
5. 반복적인 알코올 사용으로 인해 직장, 학교 혹은 가정에서의 주요한 역할 책임 수행에 실패함.
6. 알코올의 영향으로 지속적, 혹은 반복적으로 사회적 혹은 대인관계 문제가 발생하거나 악화됨에도 불구하고 알코올 사용을 지속함.
7. 알코올 사용으로 인해 중요한 사회적, 직업적 혹은 여가활동을 포기하거나 줄임.
8. 신체적으로 해가 되는 상황에서도 반복적으로 알코올을 사용함.
9. 알코올 사용으로 인해 지속적, 혹은 반복적으로 신체적, 심리적 문제가 유발되거나 악화될 가능성이 높다는 것을 알면서도 계속 알코올을 사용함.
10. 내성, 다음 중 하나로 정의됨.
    a. 원하는 효과를 얻기 위해 알코올 사용량의 뚜렷한 증가가 필요.
    b. 동일한 용량의 알코올을 계속 사용할 경우 효과가 현저히 감소.

> 11. 금단, 다음 중 하나로 나타남.
>   a. 알코올의 특징적인 금단증후군(손떨림, 불면, 식은땀, 오심, 구토, 환시, 환각, 불안, 초조 등).
>   b. 금단증상을 완화하거나 피하기 위해 알코올을 사용.

지금까지 살펴본 내용에서 중요한 점을 다시 한번 정리해보면 다음과 같습니다.

① 술에는 알코올이 포함되어 있다.
② 알코올은 유해성 1위의 의존성 약물이다.
③ 알코올 사용장애는 알코올남용과 알코올의존이 통합된 개념이다.

03
알코올 사용장애의 진행단계

알코올 사용장애는 아래 그림과 같이 단계를 밟아가며 악화되어 가는 만성의 진행성 질환입니다.

기회음주
술자리에서만 마심.

↓

습관음주
습관적(일주일에 3일 이상) 음주, 혼술.

↓

내성
술이 세지고 주량이 늘어남.

↓

정신의존
블랙아웃, 주량을 통제할 수 없음.
술을 마시고 싶다는 갈망감, 술을 얻기 위한 약물탐색 행동.

↓

신체의존
술을 안 마시면 금단증상(발한, 미열, 손떨림, 설사, 불면 등).
술을 줄이도록 주의를 받음.

↓

일상생활의 트러블
가족불화, 가정폭력, 음주운전, 해고.
음주에 대한 죄책감, 공격적, 거짓말, 몰래 마심.

↓

인생의 파탄 장취, 식사를 제대로 안 함. 술을 마시지 않으면 우울, 불안. 신체 질환의 악화로 일상생활이 곤란해짐.

↓

모든 것을 잃은 비참한 죽음

그림 2. 알코올 사용장애의 진행단계

① 기회음주에서 습관음주로

알코올 사용장애가 된 사람들은 대부분이 처음에는 술자리가 있을 때만 즐겁게 마시는 기회음주이지만 인생의 어느 시점에서부터 습관음주가 시작됩니다.

특히 코로나 사태 이후 외출이 쉽지 않자 집에서 혼술을 즐기는 사람들이 늘었고, 멋진 술잔에 담긴 술과 맛있어 보이는 안주의 사진을 SNS에 올리는 것도 흔하게 볼 수 있습니다. 금요일이 되면 혼술을 하며 불금을 즐긴다는 술상의 사진을 맘카페에서도 흔히 볼 수 있습니다. 혼자서 마시는 술은 아무리 많이 마셔도 아무리 자주 마셔도 누군가 통제할 사람이 없습니다. 즉, 습관적인 대량음주로 발전할 가능성이 존재하며, 그렇기 때문에 알코올 사용장애로 악화될 위험성도 높다고 할 수 있습니다. 멋져 보이는 '혼술'이라는 단어에 사실은 알코올 사용장애의 큰 위험성이 존재합니다.

혼술 ➡ 알코올 사용장애의 위험성

② 내성의 형성

술이 세졌다는 말이 있습니다. 예를 들자면 처음에는 캔맥주 1개로 취해서 기분 좋은 상태가 되는 사람이 있다고 합니다. 캔맥주 1개로도 적당히 취하고 기분이 좋아지기 때문에 항상 술을 마셔도 캔맥주 1개를 마시고 술자리를 끝냅니다. 그런데 나중에는 주량이 어느새 캔맥주 3개로 늘어 있습니다. 이렇게 주량이 늘어나는 이유는 몸에서 알코올에 대한 내성이 형성되어, 이제는 캔맥주 한 개로는 기분 좋은 상태가 될 수 없어졌음을 의미합니다.

술이 세졌다는 것은 우리 몸이 술을 더 많이 마셔도 되도록 변화되었다는 것을 의미하지 않습니다. 그저 알코올에 대해 내성이 생겼다는 것을 의미합니다. 처음에는 소주 반 병이었던 것이 몇 달 안 돼서 한 병이 되고, 그 후에는 세 병이 되어 어느 날 아침에는 해장술을 마시게 될지도 모릅니다.

내성의 형성은 알코올 사용장애의 초기부터 중기에 일어나기 쉽습니다. 자신의 주량이 늘어났거나 술이 세졌다고 느낄 때는 알코올 사용장애의 위험성을 의식해야 합니다.

술이 세졌다. ➡ 내성이 형성되었다.

③ 정신의존의 형성(갈망의 출현)

갈망(craving)이란 강렬한 음주욕구를 뜻합니다. 일단 술 생각이 나기 시작하면 술을 마시지 않고서는 견딜 수가 없습니다. 오늘은 절대 마시지 않을 것이라고 생각해도, 마시지 않고서는 도저히 견딜 수 없는 갈망은 일종의 강박사고로 불리우기도 합니다.

정신의존에 있어서 갈망과 함께 가장 위험한 것이 음주 중심의 사고방식입니다. 술에 지배되어 음주가 삶의 가장 중요한 제1순위가 되어 있는 음주 중심의 사고방식이 자리 잡고 있으면, 음주를 위해 가족에게 거짓말을 하거나 약속을 깨는 것은 매우 간단한 일이 됩니다. 알코올 사용장애가 '부인(否認)의 병'으로 불리우는 이유가 바로 이것입니다. 음주로 인해 여러 가지 트러블이 생기고 있음에도 불구하고, 자신의 음주 때문에 그러한 문제가 발생하고 있다는 사실을 부인할 경우, 알코올 사용장애의 정신의존이 형성되어 있다는 신호로 볼 수 있습니다[16].

표 7. 알코올 사용장애에서 보여지는 부인의 사고

> '술은 생명수이다.'
> '주변에서 괜히 호들갑을 떠는 것이다.'
> '지난 번에는 과음을 했을 뿐이다.'
> '나는 마음만 먹으면 언제든지 술을 끊을 수 있다.'
> '나는 절주할 수 있다.'
> '나는 알코올 사용장애가 아니다.'

인터넷 단주카페에서도 가족들이 가장 절실히 호소하는 것은 당사자의 부인입니다. 알코올 사용장애에 있어서의 부인은 음주문제의 부인, 알코올 사용장애라고 하는 병의 부인, 단주의 필요

성의 부인의 세 가지 수준으로 나뉩니다[13]. 부인 때문에 몸의 상태가 매우 위험한 상황임에도 불구하고 병원에 갈 생각조차 하지 않게 됩니다. 인터넷 단주카페에서 글을 올린 가족들의 글에서는, 알코올 사용장애를 가진 당사자가 '고집이 세졌다, 고집불통이다.'라는 표현을 쉽게 볼 수 있습니다. 그러나 부인은 다음의 표와 같이 다양한 원인에 의해 생겨나고 유지됩니다[13].

표 8. 알코올 사용장애에서 보여지는 부인의 원인

- 블랙아웃 : 음주 후에 일어난 일을 기억하지 못하기 때문에 현실을 직시하지 못함.
- 주취에 의한 인지, 기억능력의 저하 : 취해서 일시적인 인지, 기억력의 저하.
- 강박적 음주욕구 : 술을 계속해서 마시기 위해 문제들을 부인.
- 금단증상 : 괴로운 금단증상을 견디기 위함으로 합리화.
- 심리적 방어기제 : 음주의 즐거움을 잃고 싶지 않은 심리적 방어.
- 뇌의 기능저하 : 장기음주에 의한 뇌의 기억력, 인지기능, 현실 검토력 저하.
- 기억재생의 저하 : 시간 경과에 따라 문제의식의 저하.
- 뇌의 위축 : 알코올에 의한 뇌의 위축으로 기억력, 인지기능, 현실 검토력 저하.
- 우울감 : 우울감에 동반된 자멸적 생각에 따라 음주를 합리화.
- 인간성의 상실 : 가족의 고통에 둔감해지고 무감각해짐.
- 가족관계의 변화 : 말하지 않음/느끼지 않음/믿지 않음의 가족관계가 형성.
- 가족의 공의존 : 가족이 문제의 뒷수습을 하거나 음주를 비난함에 의해 부인이 형성.
- 가족의 심리적 방어기제 : 가족이 남의 눈을 의식하거나 죄책감 때문에 문제를 부인.
- 생육환경 : 자신이 자란 생육환경에 빗대어 자기 자녀들의 고통에 둔감, 무감각해짐.
- 맨정신으로 있는 것에 대한 두려움 : 스트레스 해소방법인 음주를 잃는 것의 두려움.
- 단주달성의 불능감 : 단주는 엄청난 상실이며 나에게 불가능하다는 생각.

부인은 알코올 사용장애의 치료와 회복을 가로막는 가장 큰 장애물입니다[36]. 알코올 사용장애로부터 치유되기 위해 가장 중요한 포인트는 자신이 가지고 있는 모든 문제의 근본적인 원인이 술이라는 점을 정확히 인식해야 한다는 것입니다.

④ 신체의존의 형성(금단증상의 출현)

신체의존이 형성되었다는 것은 체내에서 알코올이 빠져나갔을 때 불쾌한 금단증상이 나타난다는 것을 의미합니다. 금단증상은 보통 단주 후 2일째에 가장 강하게 출현하며, 4~5일째까지는 현저하게 개선되는 경향이 있습니다. 그러나 3~6개월에 걸쳐 불안, 불면, 자율신경기능 이상 등의 증상이 지속되는 경우도 있습니다[15]. 음주 중단 후 첫 일주일의 금단증상을 견디지 못하고 단주에 실패하시는 분들도 많습니다. 특히 불면은 인터넷 단주카페에서도 많은 분들이 호소하는 금단증상 중 하나입니다.

표 9. 금단증상의 종류

손 떨림 구토, 식은땀 심박수 증가, 혈압 상승	우울 초조, 불안 긴장	불면 경련, 발작 진전섬망

신체의존의 형성은 알코올 사용장애에 있어 필수적인 것이 아니기 때문에, 금단증상을 경험하지 않는 사람들도 있습니다. 그러나 금단증상이 없는 사람들 중에는, 체내에서 알코올이 빠져나가기 전에 또다시 음주하기 때문에 금단증상이 나타날 틈이 없다고 여겨지는 경우도 있습니다.

블랙아웃은 술을 많이 마셔본 사람이라면 경험해본 사람이 많을 것입니다. 블랙아웃은 뇌의 장기기억을 담당하는 해마의 부분이 대량음주에 의해 마비된 상태입니다. 취한 사람이 똑같은 말을 또 하는 이유는 자신이 방금 그 이야기를 했다는 사실을 기억하지 못하기 때문입니다. 블랙아웃은 술이 세서 술을 많이 마시는 사람이 경험하기 쉬우며, 블랙아웃을 경험하고 있다면 알코올 사용장애를 의심해봐야 합니다. 블랙아웃은 알코올성 치매로 진행될 수 있는, 뇌가 보내는 심각한 신호입니다[16].

한편 알코올 사용장애가 진행되고 음주갈망을 완전히 컨트롤할 수 없게 되면, 연속음주, 즉 장취를 하게 됩니다. 장취는 즉, 깨어 있는 동안 계속해서 술을 마시는 상태입니다. 금단증상 중 가장 극심한 형태인 진전섬망은 적절한 치료를 받지 않을 경우 사망률이 20~25%에 달합니다[15]. 장취와 진전섬망의 실상에 대해서는 전문서적에서도 찾아보기가 힘듭니다만, 인터넷 단주카페에서는 이를 생생하게 묘사한 글들이 실려 있습니다.

다음은 장취와 진전섬망을 경험하신 당사자의 수기입니다.

끔찍했던, 장취와 진전섬망의 기억

* 장취(長醉) : 늘 술에 취해 있는 상태.
* 진전섬망 : 알코올 사용장애의 금단증상에서 보여지는 극적인 증상. 의식장애 및 인지장애와 시각성, 촉각성 또는 청각성의 환각이 출현[15].

나는 대학시절부터 술을 참 좋아했다. 저녁에는 매일 술을 마셨고 심심치 않게 저녁을 먹으며 친구들과 반주를 하기도 했다. 이때만 해도 마시는 술의 양이 많지는 않았다. 점심에는 반 병, 저녁에는 한 병을 마시고 얼큰한 기분에 잠들곤 했다. 그러던 어느 날 과 행사를 맞아 저녁에 과음을 하고 말았다. 3~4병은 넘게 마신 것 같다. 다음날 아침 머리는 아프고 속은 울렁거려서 아무것도 할 수가 없었다. 과음을 했더라도 오후 2~3시까지 버티면 괜찮아지곤 했는데, 왠지 그날은 아침부터 버티기가 너무 힘들었다.

물이라도 마시려고 냉장고를 열었는데 거기에 소주가 한 병 있는 게 보였다. 왠지 저걸 마시면 괜찮아질 것 같았다. 그리고는 마치 뭔가에 홀린 사람처럼 그 소주병을 따서 단숨에 반 병 넘게 원샷을 했다. 크으~ 뱃속을 울리는 찌릿한 기분과 함께 5분도 안 되어 취기가 올라왔다. 전날 먹은 술의 숙취가 마법처럼 사라진 기분이었다. 이게 내가 접한 첫 해장술이었다.

그 뒤로도 종종 해장술을 마셨다. 나는 주량이 약한 편이라 그날은 제대로 생활을 하지 못했다. 죽을힘을 다해 점심시간을 기다렸고, 점심에 반주를 하고 그 기운으로 저녁까지 버틴 뒤 저녁에 한 병을 비우고 잠들곤 했다. 어느 날은 학교 가는 길에 소주를 한 병 마신 적도 있다. 어느 공원에 누워 잠이 들었는데 순찰하다가 발견했는지 그런 나를 경찰관이 집까지 데려다줬다. 그러던 어느 날이었다. 뭔가 스트레스를 심하게 받은 기억이 난다. 아무에게도 방해받지 않고 술을 마시고 싶다는 생각이 들었다. 그냥 술에 취해 누워 잠들고 싶었을지도 모른다. 술을 마시기에는 매우 이른 시간이었다.

아침이건 낮이건 상관없이, 또 홀린 사람처럼 소주를 서너 병 사들고 근처 모텔에 들어갔다. 그리고는 소주를 벌컥벌컥 마셨다. 컵에 따라서 마시지도 않았다. 그냥 병나발을 불었다. 안주라곤 소주와 같이 사온 탄산음료가 전부였다. 크으~ 찌릿찌릿~ 취기가 올라와 기분이 좋아졌다. 그렇게 한창 업된 기분으로 즐겁게 TV를 보다가 잠이 들었다.

대낮이었기 때문에 오래 잠들지 못했다. 3~4시간 정도 잔 것 같다. 당연히 술이 다 깨지 않은 상태였다. 술이 깨지 않았는데 술에 취한 기분은 없어진 그 상태. 그 상태가 너무 싫었다. 다시 취하고 싶었다. 남아있던 소주를 단숨에 목에 들이켰다. 크으~ 하고 다시 취한 상태가 되어 기분이 좋아졌다. 그렇게 다시 TV를 보다가 잠이 들었다.

일어나 보니 새벽이었다. 이제는 당연하다는 듯 또 술을 들이켰다. 그 후로는 계속 반복이었다. 술이 떨어지면 비틀거리며 술을 사오고 모텔 기간을 연장했다. 4~5일쯤 지났을 때였나 싶다. 모텔에서 쫓겨났다. 모텔 주인은 아마 나를 계속 두면 시체를 치울 거라고 생각한 거 같다. 쫓겨난 뒤 다른 모텔에 가서 또 며칠을 보냈다. 그렇게 몇 번을 모텔을 옮기며 그 짓을 계속했다.

그쯤 되자 받아주지 않는 모텔도 있었다. 나는 처음 하는 미친 짓이었지만 이런 짓을 하다가 사고를 치거나 잘못되는 사람이 많았나 보다. 내 상태를 보고는 그냥 "안 받아요." 하고 내쫓는 모텔이 많았다. 그래도 어찌어찌 받아주는 모텔을 찾고, 아니면 여관방이라도 찾았다. 며칠이나 더 지났을까? 이미 인사불성이 된 지는 오래였다. 바닥에 오줌을 싸기도 한 것 같다. 여관 주인이 방에 들어와 나를 설득하기도 했다.

"멀쩡하게 생긴 사람이 왜 이러고 있느냐? 그만 마시고 집에 들어가라."

그 아저씨는 한 시간 넘게 나의 주정을 들어주었다. 지금 생각해보면 참 고마운 사람이다. 그 아저씨의 말을 듣고 집에 가겠다고 그곳을 나왔지만 나는 또 술을 사들고 다른 모텔을 찾아 들어갔다. 술만 마시는 미친 시간이 계속되었다. 나중에는 술이 받지 않아 마시자마자 속에서 술이 올라왔다. 나는 취하고 싶은 마음에, 올라온 술을 붕어처럼 입을 모아 토하지 않고 억지로 삼켰다. 끄윽~ 끄윽~ 하면서 토하지 않고 삼키기 위해 노력했다. 그렇게 겨우 삼키고 나면 취기가 다시 올라왔기에 그럴 수밖에 없었다.

술을 마시는 것 외에는 아무것도 할 수 없었다. TV를 켜놓고 휴대폰을 보며 시간을 보내려 했지만 집중을 할 수 없었다. 휴대폰으로 많은 전화와 문자가 왔지만 확인하지 않았다. 충전도 제대로 하지 않아 언젠가 전원이 꺼져버렸다. 그저 술을 마시고 취한 기분에 멍하니 있다가 잠들 뿐이었다.

그렇게 며칠 후… "쾅!" 방문이 열렸다. 가족들이 서 있었다. 나중에 알았지만 나의 카드 결제내역을 보고 모텔을 찾아온 것이었다. 그렇게 붙들려서 집으로 돌아왔다. 돌아오는 길에도 미친 짓을 한 것 같다. 차가 달리는 와중에 문을 내리고 뛰어내리려고 하고, 술을 마시게 해달라고 엉엉 울었다. 아마 그때 가족들이 나를 찾아주지 않았다면 그대로 계속 술을 마시다가 죽었을지도 모르겠다.

그렇게 붙들려 집으로 돌아온 뒤 죽은 듯이 누워만 있었다. 술을 마시고 싶어 죽을 지경이었지만 가족들이 철통같이 지키고 있어 마실 수 없었다. 어지러움, 멍함, 불안, 초조… 아무것도 할 수 없었고 하고 싶지도 않았다. 그야말로 생지옥 같은 시간을 보냈다. 잠들고 싶었지만 미치고 환장하게도 잠이 오지도 않았다. 그저 간절하게 술을 마시고 싶었다. 1분 1초가 지옥 같은 시간을 보냈다.

어떻게 하면 술을 마실 수 있을까? 밖에 나갈 수는 없다. 지갑도 빼앗기고 없다. 집에 어딘가 술이 있지 않을까? 맞아! 제사 때 쓰고 남은 정종이 있었던 것 같은데… 거기까지 생각이 미치자 신기하게도 몸에 기운이 솟는 것 같았다. 제발 있어라. 제발 있어라…

가족들이 모두 잠든 새벽에 살금살금 일어나 주방으로 갔다. 있다!!! 그야말로 한 줄기 빛이었다. 뒷일은 생각지도 않고 벌컥벌컥 마셨다. 싸아아아아~ 취기가 온 몸을 지배했다.

지옥 같던 고통이 싸그리 사라졌다. 그렇게 취기가 올라와 겨우 잠이 들었다.

다음날… 지옥 같은 금단이 다시 시작되었다. 어제 마신 술은 그저 고통을 잠시 미뤘을 뿐이었다. 정종이 더 남아 있었지만 이제는 그걸 마시러 주방까지 갈 기운도 없었다. 그렇게 다시 시체처럼 누워만 있었다. 꺼졌던 휴대폰을 켜니 일부러 확인하지 않았던 것 외에도 많은 연락이 와 있었다.

"어디냐? 제발 들어와라."

"형, 괜찮아요? 어디에요?"

"오빠, 무슨 일이에요? 연락 좀 주세요."

아마 내가 연락두절이 되자 부모님이 여기저기 연락을 해서 수소문을 한 모양이었다. 하지만 나는 거기에 답장을 할 기운도 의지도 없었다. 그저 시체처럼 누워 있었다. 어머니가 밥을 차려주셨지만 목으로 밥알 한 톨도 넘길 수 없었고 물만 마셔도 토를 해댔다. 비틀비틀거리며 화장실에 가서 거울을 보니 사람 꼴이 아니었다. 얼굴이 시뻘겋게 달아올라서 붉은 테두리가 생겨 있었고 입 주변은 전부 하얗게 일어나 있었다.

그렇게 잠들지도 못하고 누워서 숙취에 괴로워만 하고 있던 어느 밤이었다. 1~2시간 잠들었나 싶다. 눈을 떠보니 방 안에 사람들이 한가득 서 있었다. 방 안도 이상하게 바뀌어 있었다. 어딘가로 통하는 통로가 생겨 있었다.

"뭐지? 누구세요?"

"우린 죽은 사람들이야…"

꿈을 꾸고 있는 건가…? 했지만 꿈이 아니었다. 너무나 생생했고 현실감이 넘쳤다. 그 사람들의 옷차림은 참 각양각색이었다. 평범한 차림을 한 사람, 한복을 입은 사람, 중세 유럽의 옷을 입은 사람, 영화에서나 나올 법한 로브나 갑옷을 입은 사람… 그 사람들은 자기들끼리 얘기를 하기도 했고, 나에게 말을 걸기도 했다.

"괜찮냐?"

"아뇨, 힘들어요."

"그렇겠지. 우리는 다 너를 보러왔어."

"왜요?"

"네가 우리들을 볼 수 있으니까."

숙취로 제정신이 아닌 상황에서 나는 드라마나 영화에서 나오는 것처럼 내가 귀신을 보는 눈을 가지게 된 거라고 생각했다. 그렇게 밤새 그 사람들과 이야기를 했다. 어떤 사람은 틱틱거리며 짜증을 내기도 했고, 다정하게 이야기를 해주는 사람도 있었다. 며칠 지나면 숙취는 사라질 테니 너무 걱정 말라며 위로해주는 사람도 있었다. 조용히 서서 나를 관찰하는 여자도 있었다. 어떤 아이(10대 중반 정도 되어 보였다, 팬티만 입고 있었다)는 기다란 칼을 들고 계속 나를 찌르려고 했다. 하지만 그 칼은 나를 그냥 통과해 버렸다.

다음날 낮이 되었지만 그 사람들은 계속 보였다. 한 사람이 떠나면 다른 사람이 찾아왔고, 내 방에는 계속 사람들로 득실득실했다. 그 사람들과 대화를 하며 숙취가 조금은 가신 듯했지만 아니었다. 갑자기 온 몸이 엄청나게 떨리며 심장이 쿵쾅쿵쾅 뛰기 시작했다. 지금까지와는 다르게 시야를 차단하는 이상한 얼굴도 보였다. 불교에서 나오는 사천왕 같은 그런 심술난 얼굴이었다. 눈앞에 고정되어 앞에 다른 사물이 보이지 않았다.

갑자기 참을 수 없는 경련과 식은땀. 엄청나게 빨리 뛰는 심장에 보통 상태가 아니라고 느꼈다. 이건 이제 병원을 가야 한다. 이대로 있다가는 죽는다! 죽을지도 모른다는 공포가 엄습해왔다. 엄청난 복통도 함께 시작되었다. 그 두려움에 큰 목소리로 가족들을 불러 응급실로 실려갔다.

응급실에서 이런저런 검사를 한 뒤 바로 입원을 하게 됐다. 알코올 금단현상이라고 했다. 복통은 급성췌장염이라고 했다. 죽을지도 모른다는 얘기도 들었다. 발작을 할지도 모르니 묶어놔야 한다고 했다. 그 뒤로 하루 이틀 정도는 잘 기억이 나지 않는다. 가족들에게 들은 바로는 발작을 하며 풀어 달라고 소리를 지르고 허공에 대고 이야기를 했다고 한다.

어느 정도 정신이 돌아왔지만 그것들은 계속 보였다. 벽에 글자가 떠오르기도 하고 벽에 무늬가 춤을 추기도 했으며 병실에 있는 온갖 가전도구들이 말을 걸어왔다. 가습기, 냉장고, TV… 하다 못해 천장에 걸린 전등도 말을 걸어왔다. 커튼 위로 불쑥 사람 머리가 튀어나와 말을 걸기도 했다. 창문 밖에는 공룡들과 우주선들이 떠다니며 전쟁을 하고 있었다. 날아다니며 칼싸움을 하는 사람들도 보였다. 이것들이 모두 알코올 금단증상이라는 얘기를 의료진에게 들었지만 너무나 생생했기에 믿을 수가 없었다. 직위가 높아 보이는 의사가 부하(?) 의사들을 잔뜩 데리고 와서 나를 구경시켰다.

"아직도 뭐가 계속 보이세요?"

"네. 계속 보여요."

"지금은 딱히 치료법이 없습니다. 안정제로 발작을 막으면서 시간이 지나면 괜찮아질 겁니다. 잘들 봐둬. 이게 진전섬망이라는 거야."

동물원에 갇힌 동물이 된 기분이라 내 자신이 창피하고 부끄럽기도 했다. 병원에 있어도 시체처럼 누워 있기는 마찬가지였다. 췌장염으로 인해 금식처분이 내려졌고 물 한 모금 마시는 것도 금지되었다. 그저 누워서 귀신들과 이야기하는 것 외엔 할 수 있는 게 없었다. 어느 날 밤에는 귀신 세 명이 나를 찾아왔다. 여자 하나에 남자 둘이었는데 그 여자 귀신이 말하길 내가 마음에 드니 빨리 죽어서 자기랑 같이 지내자고 했다.

죽으면 지금 느끼는 고통도 전부 사라질 거라고도 했다. 옆에 남자 둘도 내가 빨리 죽기를 권하며 그 후에는 자기들이 다 안내해줄 거라고 했다.

"어떻게 죽어요?"

"어떻게 죽긴? 병원 옥상에 가서 뛰어내리면 금방이야."

"그건 너무 무서운데요…"

"그럼 내가 대신해줄까? 내가 니 몸에 들어가서 대신해줄게."

금단의 괴로움에 몸서리치고 있었기 때문에 어쩌면 이 사람들 말대로 죽는 게 낫지 않을까 하는 생각도 들었다. 같이 찾아온 여자도 예쁘장해서 마음에 들었다. 같이 지내면 즐거울 것 같았다.

"그래요. 해주세요."

그 남자가 이상한 몸짓을 하며 내게 다가왔다. 나는 눈을 꼭 감고 기다렸다. 하지만 아무런 변화도 일어나지 않았다.

"아, 이거 너는 안 되는구나. 역시 니가 직접 해야겠다."

"네…"

직접 뛰어내려야 하는구나… 무서운데… 에이 모르겠다… 그렇게 링거를 끌고 옥상으로 올라가려고 일어서는데 누군가 말을 걸었다.

"가지 마. 아직 죽기는 일러!"

누가 말을 걸었나 보니 병실에 있는 냉장고가 말을 하고 있었다.

"조금만 더 생각해봐. 가족들이 슬퍼할 거라는 생각은 안 해?"

그랬다. 부모님이 슬퍼하시는 모습이 떠올랐다. 그렇게 결심하고 옥상에는 올라가지 않았다. 나중에야 생각한 거지만 그때 어차피 옥상에 올라가려 해봤자 잠겨 있지 않았겠나 싶다. 몇 시간이 지나자 병실 밖에서 아까 그 여자가 "죽여버릴 거야!!!" 하면서 엉엉 우는 소리가 들렸다. 해꼬지를 할까 무서웠지만 다시 나타나지는 않았다. 잠을 자고 싶었지만 잠들 수가 없었다. 눈을 감으면 영상이 재생됐다. 영화도 아니고 드라마도 아닌 무언가였다. 전 세계에 존재하는 신을 소개하는 내용이었다. 기괴한 얼굴들… 팔이 여섯 개 달리고 턱이 이중으로 갈라진 신(?)들이 나에게 인사를 했다. 나중에 정신이 들고 생각해보니 다 말도 안 되는 내용이었다. 그렇게 잠든 건지 아닌 건지 모른 밤을 보냈다.

다음날이었다. 검은 옷을 입은 사람이 찾아왔다. 생긴 모습이 마치 저승사자 같았다.

"○○○씨, 당신은 30분 뒤에 죽습니다. 이미 결정됐어요."

"네? 아니… 죽기 싫어요. 살려주세요."

"내가 결정할 수 있는 게 아닙니다."

그 당시에는 그걸 그대로 믿었다. 이제 죽을 수밖에 없다고 생각했다. 완전히 죽음을 각오했다. 심장이 이상하게 뛰는 느낌이 들었다. 마치 곧 멈출 것처럼… 병간호를 해주시던 어머니에게 사랑한다고 말했다. 그리고 죄송하다고도 말했다.

어머니는 애가 무슨 소리를 하나 싶으셨나 보다. 본인도 사랑한다고 해주셨다. 시간이 점점 지나 30분이 다 되어갔다. 정말로 죽을 거라는 느낌이 들었다. 쿵쾅~ 쿵쾅~ 쿵쾅~ 심장이 빠르고 크게 뛰고 있었다.

병실 천장에 달린 전등에서 조그마한 얼굴이 튀어나와 카운트다운을 시작했다. 30분이 다 됐다. 죽는다… 죽는다… 무서워… 5, 4, 3, 2, 1, 0 쿵! 심장이 한 번 크게 뛰었다. 이러고 멎는 건가? 그 순간 모든 걸 각오하며 눈을 꽉 감았다.

하지만 죽지 않았다. 심장도 다시 정상 속도로 뛰는 것 같았다. 신기하게도 딱 그 순간부터 보이던 것들이 보이지 않게 되었다. 창문 밖은 고요한 풍경이 펼쳐져 있었고, 벽에 글자가 떠오르거나 누가 찾아오지도 않았다. 시끄럽게 말을 걸어오던 온갖 도구들도 조용해졌다. 지옥 같던 진전섬망이 끝난 것이다.

그 후로 몸은 빠르게 회복되어 갔다. 식사도 시작했고 잠도 어느 정도 잘 수 있었다. 일주쯤 더 지나 퇴원을 할 수 있었다. 너무나 무서운 경험을 했기 때문에 나는 술을 끊어야 한다고 생각했다. 실제로 두 달 정도는 술을 마시지 않았다.

물론 그 후로 조절망상에 빠져 수없이 재발을 했지만 진전섬망의 두려움으로 장취를 해도 3일을 넘기지 않게 되었다. 하지만 그 뒤로 또 한 번 환각을 경험하게 된다.

제가 경험한 첫 장취와 진전섬망에 대한 이야기였습니다. 재발 후 마음가짐을 단단히 하고 또 알코올에 대한 경각심을 같이 가지고자 긴 이야기를 풀어놓았습니다. 저는 다시 도전하겠습니다. 회원 여러분도 단주하시는 하루 보내시길 바라며 혹시나 재발을 하시더라도 장취는 절대 피하시길 바랍니다. 해장술은 장취로 가는 지름길입니다.

- 2022년 10월 시점 400일이 넘게 단주 중

앞서 알코올 사용장애의 진행과정에서는 알코올 사용장애의 마지막이 비참한 죽음이라는 것을 보았습니다. 서울아산병원에서 알코올의존증 환자 442명을 대상으로 한 추적조사에 의하면 알코올의존증 환자의 평균수명은 48.8세였으며[22], 일본에서도 약 50세로[23, 24] 비슷한 결과가 보여지고 있습니다. 이에 비해 한국인의 평균수명은 83세(2020년)입니다[25]. 알코올 사용장애는 인간의 수명을 단축시키는 무서운 병입니다.

한국인의 평균수명은 83세
알코올의존증 환자의 평균수명은 약 50세

다음은 알코올 사용장애로 가족을 잃은 분들의 수기입니다.

기나긴 여정이 끝났습니다

안녕하세요. 카페 가입한 지 벌써 7년이 넘었네요. 저희 가족은 알코올중독 가족력이 있는 집안입니다. 아빠도 알중으로 50 초반에 돌아가시고, 오빠도 45세에 돌아가셨습니다. 오늘이 발인입니다. 남매이고 결혼 안 한 오빠라 상주가 되어 향불 지키고 있으면서 글 쓰고 있네요.

아빠, 오빠 합쳐 25년 뒷바라지했습니다. 아빠가 먼저 시작되었고, 아빠 돌아가신 후 오빠가 얼마 안 돼 시작되더라고요. 술 안 먹으면 최고의 오빠였어요. 아빠 뒷바라지할 때도 '왜 이렇게 살아야 하나? 빨리 죽었으면 좋겠다'라고 생각한 적 많았어요. 결국 돌아가시고 나니 후회와 가뿐함이 동시에 찾아왔습니다.

20대 초반이라 멋모르고 부검도 했어요. 장례 치를 때 취소하고 싶었지만 안 된다 하시더라고요. 사인은 알코올중독으로 간이 다 녹아내려 없다 하셨어요. 아빠를 그렇게 보내고 오빠만은 허무하게 보내지 말자 생각했는데 긴 병에 효자 없다는 말이 맞나 봐요. 강제입원, 경찰서, 응급실, 행정복지센터, 법원 등등 많이도 다녔습니다.

그러다 결혼하고 법이 바뀌어 강제입원도 힘들어지고 매일같이 오빠 집으로 가서 돈을 뺏었어요. 그런데 요번에는 신용대출 받아 돈 숨겨놓고 두 달 장취에 들어가더군요. 예전에도 기본 한 달 장취였어요. 그러다 숨겨진 돈 다 떨어지면 쉬었다가 또 마시고 항상 돈 뺏고 했는데 요번에는 돈을 어디에 숨겼는지 찾을 수가 없었어요. 속으로 '그래, 차라리 먹고 죽어라!'라는 생각으로 방치했다가, 도저히 안 될 것 같아 청소도 할 겸 저녁에 찾아갔더니 혈토 중이더라고요.

항상 가라고 큰소리쳐서 보기 싫어 되돌아갔는데 진짜 죽겠더라고요. 장취의 흔적이… 청소 중에 혈토가 심해 병원 데리고 갈까 하다가 이러다 또 말겠지 하고 청소하고 있는데 5분 정도 지난 거 같았어요. 인기척이 없어 봤더니 심정지 상태였습니다.

119에 신고해서 심폐소생술로 병원 이송해서 심장은 살렸는데, 자가호흡도 없고 맥박도 약하고 혈압이 너무 낮았죠. 혈압이 정상으로 돌아오면 되는데 안 돌아오면 또다시 심정지 올 거라고… 병원에서는 아직 젊으니 치료할 거 다 해보자 하서서 검사 진행했더니 간, 신장이 망가져서 약물이 듣지를 않았어요. 24시간 중환자실에서 약물이 들어가니깐 계속 피토하고 수혈 들어가고 내시경을 했는데 지혈이 안 돼서 식도에 튜브 꽂고 수액 때문에 몸은 점점 부어가고 소변은 안 나오고… 그렇게 고생하다 갔습니다.

아빠 때처럼 홀가분한 맘도 있었지만 한 인간으로 너무 불쌍하네요. 좋은 부모 만나지 못해 사랑받지 못하고 컸어요. 오빠 다섯 살 때 이혼하셨거든요. 외롭고 힘들게 살아서 너무 불쌍하고 아빠처럼 보낸 게 미안하고 그러네요.

죄책감으로 평생을 살겠지요… 정말 환생이 있다면 좋은 부모 밑에서 다시 만나 남매 인연 맺자고, 정말 미안하다고 이렇게 보내서… 힘들고 외롭게 살다 가서 고생했다고… 내가 아닌 오빠가 알중의 유전자를 물려받은 것에 대한 죄책감… 오만가지 감정이 오고 가네요. 살아서는 몸이 힘들고 죽어서는 정신을 더 힘들게 하네요.

회원님들도 빨리 알중에서 회복하세요. 아빠가 알중만 아니었다면 오빠도 저랬을까라는 생각… 원망… 뒷바라지하는 가족들의 마음고생은 정말로 말도 못해요. 가슴에 피멍 들죠… 저희 아들도 설마 알중의 유전자가 있는 건 아닌지 걱정 아닌 걱정들…

이제야 온전히 내 삶을 살게 되었네요. 평균수명으로 볼 때 40년 남았어요… 남은 인생 열심히 살아보려고요. 카페 글로 위로 많이 받았고 탈퇴하려 글 남깁니다. 알중 가족들도 힘내시고요. 정말 본인 단주 외엔 답이 없어요. 알중 회원님들 정말 조금만 가족 생각해주세요. 다들 건강하시고 항상 좋은 일만 가득하길 기도하겠습니다. 감사합니다.

끝인가 싶은데… 또 시작이네요…

저희 아빠가 돌아가셨습니다… 얼마 전에 요양병원 모셨다고 글 올려서 많이들 위로해주시고 앞으로 나아갈 길도 알려주셨는데… 글을 안 올릴까 하다가… 그냥 이 카페에서 항상 많은 걸 얻었기에 말하고 싶어지더라구요.

술 드시고 낙상 이후 거동 때문에 요양병원 입원 후 며칠 안 돼서 한 번 갑자기 호흡이 가빠지고 혈압이 뚝뚝 떨어지시더니, 산소포화도가 90 이상이 정상인데 50 아래로 떨어지셨었죠. 병원에서 전화가 오더니 상태가 너무 안 좋다고 임종 준비하시라고 그러길래 너무 놀랬죠. 그래서 영문도 모른 채 급히 나갈 준비하는데 다행히 좋아지고 계신다고, 그래도

왔다가 가라고 해서 가서 보니 저도 잘 알아보시고 저 왔냐며… 김서방은 잘 있냐… 나 많이 아팠다며… 내가 왜 이렇게 됐는지… 손녀는 잘 있냐… 하시더라구요.

"그러게 아빠, 술 좀 덜 드시지!"

잔소리를 했더랬죠. 의사쌤이 아무래도 폐렴인 것 같다고 신장, 간이 너무 안 좋아서 항생제를 조심히 써보시겠다고… 그리고 집에 왔는데… 이틀 후 낮에 갑자기 또 똑같은 증세라고 빨리 오라고… 전 저번처럼 또 좋아지시겠지라는 생각에 돌리던 세탁기 10분 기다렸다 널고 준비하고 나갔는데… 나가서 차 타자마자 돌아가셨다고 전화가 왔네요. 머리가 하얘지며 무슨 정신으로 갔는지… 눈을 감고 있는 아빠를 보니 실감이 안 나더라구요. 상조회사, 장례식장 이것저것 처리할 것들은 산더미고… 눈물이 쏙 들어가더라구요.

장례식장에 오시기 전까지 엄마는 아빠 핑계로 그 사이에 술을 엄청 드시고… 장례식장에 가려고 모시러 가니 비틀거리시고 술도 안 깨있고… 참, 이게 제 업보인가 싶더라구요. 언니 부부는 외국에 있어 저와 신랑이 오로지 처리하고 문상받고… 아무리 슬퍼들 해도 고모들도 이모들도 어차피 제삼자들이고… 자식만 고스란히 고생인 거죠.

장례식 과정에서 엄마는 저희 집에서 이틀 주무셨는데 앞으로 절대 술 안 먹겠다고 약속했지만 잠이 안 오고 속이 안 좋다며 제발 마지막으로 맥주, 소주 아무거나 한 잔만 달라며 잔소리를 엄청 하니 삐지시더군요. 장례식 끝나고 다음날 집에 가시겠다고 난리셔서 모셔다 드리고 신랑이랑 엉망인 친정 싹 청소해드리고, 드실 거 챙겨 넣어 드리고 왔지만… 아마 저 가자마자 술 사다 드셨겠죠. 오늘 아침에 전화 드려보니 드신 것 같더군요.

"아빠 따라 죽을까?"

이런 소리나 하고… 혼자 속으로 그랬죠.

'그래, 그러셔서 그럼.'

너무 착해서 남한테 싫은 소리도 잘 못하시고 혼자 스트레스 속으로 삼키시는 성격 탓에 술로 푸시고… 결국 3년 정도 심각한 알코올중독자였던 울 아빠는 맨날 저한테 너 고생시켜서 미안하다… 미안하다… 그러셨었죠. 그러면서도 항상 끝에는 막걸리 한 병만 사다주면 안 될까? 알코올중독은 참…

이제 저희 엄마 보호입원만 남았겠죠. 간경화에서 간암으로 가는 건 안 되니까요. 서류 정리하고, 엄마께 상속정리하고 이것저것 처리하고 입원시키려구요. 정리하는 한 달 정도는 엄마가 버텨야 할 텐데… 가을 날씨가 참 청량하고 좋더군요. 예전에 이런 가을에 엄마, 아빠 모시고 제주도에 여행 가서 신랑이랑 딸이랑~ 신선한 바람 맞으며 이야기 나누고… 바다 보고… 맛있는 저녁 먹고… 그랬었던 기억이 나네요. 다시는 그럴 수 없겠지만요…

알코올 사용장애는 '가족병'이라 불리웁니다. 알코올 사용장애에 의한 폐해는 당사자에게서만 그치는 것이 아니라, 가족 모두가 심각한 영향을 받으며, 그 마음의 상처는 평생 동안 지워지지 않습니다. 만약 자기 자신을 위해서 단주하는 것이 힘들다면, 소중한 가족을 위해서 단주를 결심할 수도 있습니다.

04
알코올 사용장애는 유전이고 불치병이다?

단주카페에서 활동을 하다 보면 "알코올 사용장애는 유전이다"라는 말을 자주 접합니다. 그렇다면 이 구절이 뜻하는 "부모가 알코올 사용장애일 경우 그 자녀도 알코올 사용장애가 된다"는 사실일까요?

정신질환의 진단기준인 DSM(DSM-IV-TR)에는 가족력이 실려 있습니다. 가족력이란 쉽게 말해서 가족 중에 알코올 사용장애인 사람이 있는 경우, 없는 사람보다 몇 배나 더 알코올 사용장애가 될 가능성이 높은지를 나타내는 것입니다. 다음의 표는 몇 가지 정신질환의 가족력을 나타낸 것입니다. 대표적인 정신질환인 우울증의 경우, 가족 중에 우울증인 사람이 있을 경우 위험성은 1.5~3배가 높아집니다. 그리고 알코올의존의 경우에는 3~4배입니다[15]. 알코올의존은 경계성 인격장애나 공황장애, 그리고 조현병에 비해서 가족력이 약한 정신질환입니다.

표 10. 일반 인구와 비교했을 때 근친자의 발병 가능성(DSM-IV-TR)

증상	발병 가능성
우울증	1.5~3배
알코올의존	3~4배
경계성 인격장애	5배
공황장애	8배
조현병	10배

여기에서 우리는 가족력이 반드시 유전적인 요인만을 의미하지는 않는다는 것을 알아야 합니다. 부모로부터 물려받은 알코올 분해효소뿐 아니라, 성격, 기질, 그리고 부모의 문제해결 방식에

대한 해결법이 음주였을 경우 그것을 보고 자라 무의식 중에 학습하게 되는 것까지 매우 복잡 다양하게 관련되는 것이 가족력입니다.

알코올 사용장애는 유전이다. (X)
알코올 사용장애에는 유전적인 요인이 존재한다. (O)

한편 알코올 사용장애가 유전이라고 말하는 대표적인 근거로서 알코올 분해효소(알데히드 탈수소효소)의 존재가 있습니다. 앞서 언급했듯이 체질적으로 술을 잘 마시는(활성형, ALDH2 1/1) 사람들은 술을 마셔도 괴로운 증상들이 거의 나타나지 않기 때문에 술을 마시게 되고, 그 결과로서 알코올 사용장애의 위험성이 높아집니다. 그렇다면 여기에서 우리는 다음의 중요한 문제에 대해 숙고해보아야만 합니다.

알코올 분해효소의 유전자를 가지고 있는 사람에게만 술이 위험한가?

그러나 식도암의 경우 알코올 분해효소가 활성적이지 않은, 체질적으로 술을 잘 마시지 못하는 사람이 활성형보다 식도암의 위험성이 높다고 알려져 있습니다[10,38]. 즉, 알코올 분해효소를 부모로부터 물려받았든 아니든 상관없이, 누구든지 술을 마신다면 음주로 인한 신체적 위험성에 노출된다는 사실입니다.

여기에서 음주에 의한 대표적인 신체적 폐해인 알코올성 간질환에 대해서도 살펴봅니다. 술을 적게 마셔도 알코올성 간질환에 걸리는 사람이 있으며 술을 많이 마셔도 간수치가 정상인 사람이 있습니다. 한국인 약 2만 명의 유전자를 분석한 연구에 의하면[17], 그 이유는 알코올 분해효소가 아닌 간의 항산화 작용에 의합니다. 우리의 몸은 술을 마시면 간을 보호하기 위해 다양한 방어기전을 작용하는데, 이러한 방어기전이 유전적으로 약하면 술을 적게 마셔도 알코올성 간질환에 걸릴 수 있다는 것입니다. 종래에는 과도한 음주만이 음주 폐해의 원인으로서 지적되어 왔으나, 이 연구결과는 적은 양일지라도 술을 마시는 것은 누구에게나 위험성을 가지고 있다는 것을 의미한다고 해석할 수 있습니다.

한국인 남성은 2명 중 1명이 월 1회 이상의 폭음(월간 폭음률 : 최근 1년 동안 월 1회 이상 한 번의 술자리에서 7잔 또는 맥주 5캔 이상 음주, 2020년 51.9%)을 하며, 약 4명 중 1명은 고위험 음주군(고위험 음주율 : 1회 평균 음주량이 7잔 이상이며 주 2회 이상 음주, 2020년 21.6%)에 해당됩니다[2]. 알코올 섭취량과 뇌 변화의 관련에 대한 조사연구[18]에 의하면, 알코올 섭취량이 증가할수록 기억과 공간인지를 담당하는 해마의 위축 리스크는 높아짐이 밝혀져 있습니다. 연구결과에 의하면 해마의 위축 리스크는 술을 마시지 않는 그룹에 비해서 일주일에 순알코올 양 240g 이상의 다량 음주 그룹에서는 5.8배로 가장 높았으며, 일주일에 112~168g의 적정량 음주 그룹에서도 3~4배 높았습니다. 또한 주목할 것은 8~56g의 소량 음주이라고 하더라도 해마의 위축 리스크를 억제하지는 못하였다는 것입니다. 즉, 아무리 적은 양의 술을 마신다고 하더라도 술에 들어있는 알코올은 우리의 뇌에 악영향을 끼칠 수 있습니다.

소량의 음주도 누구에게나 신체적 위협이 될 수 있다.

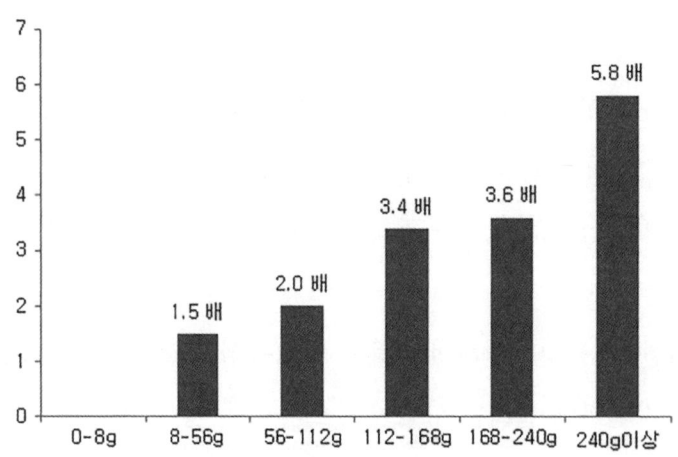

그림 3. 알코올 섭취량과 해마의 위축 리스크

표 11. 순알코올 양 계산법

순알코올 양 = 마신 술의 양(ml)×알코올 도수/100×0.8

알코올 도수 20.1도 소주 참이슬 오리** 360ml 한 병 : 360×0.20×0.8=57.6g
알코올 도수 5도 맥주 버드*** 740ml 한 캔 : 740×0.05×0.8=29.6g

지금까지 보아온 연구결과들의 중요한 요점을 정리해보면 다음과 같습니다.

① 알코올 분해효소가 활성적이지 않은 사람은 활성적인 사람보다 식도암의 위험성이 더 높다.
② 적은 양의 술을 마시더라도 알코올성 간질환과 뇌 위축의 위험성이 있다.

즉, 술은 알코올 분해효소 유전자의 존재와 관계없이 어떤 사람에게든 위험성을 가지고 있다는 점을 간과해서는 안 될 것입니다. 한편, 알코올 사용장애인 부모 아래서 자라 자신도 또한 알코올 사용장애가 된 경우, 다음과 같은 신념을 가지고 계신 당사자들이 계십니다.

> '알코올 사용장애는 유전이다.'
> '어차피 나는 태어날 때부터 알코올 사용장애가 될 운명이었다.'
> '알코올 사용장애는 불치병이다.'
> '단주를 시도한다는 것은 나에게 무의미하다.'

유전자는 알코올 사용장애의 매우 일부를 설명하는 것에 불과하며, 음주에 대한 문화적 허용도와 알코올의 입수용이성, 알코올의 기분과 행동에 대한 효과에의 기대치, 획득된 알코올에 대한 개별적인 경험, 스트레스를 포함한 환경적, 사회적 요인에 의한 위험성도 큽니다[15]. 그러나 이러한 신념들의 일관된 특징은 알코올 사용장애의 원인은 앞서 말한 유전, 환경, 성격, 스트레스, 문제해결 방식 등 매우 복잡함에도 불구하고, 자신의 힘으로는 결코 바꿀 수 없는 유전적 요인에만 눈을 돌리고 있는 음주 중심의 사고라는 점입니다.

알코올 사용장애는 유전되어 운명적인 불가항력의 병이 아니라, 여러 가지 복합적인 요인에 의해 발생하며, 또한 그러한 요인들을 통제함으로써 치유 가능하다는 사실을 잊지 말아야 합니다. 단순한 예로 알코올 사용장애가 정말로 불치병이라면, 한 번이라도 알코올 사용장애의 상태가 되었던 사람들이 모두 결국에는 알코올 사용장애로 죽음을 맞이해야 합니다. 하지만 알코올 사용장애 중증까지 경험하신 분들도 단주에 성공하여 삶을 개척하신 분들이 많습니다. 다음은 알코올 사용장애의 중증단계인 장취의 상태에 이르렀으나 그 후 단주에 성공하신 분의 수기입니다.

13년째 금주 중

어느 날 저녁에 소주 3병을 가져와 마시기 시작.

기분은 알딸딸하고 괜찮다.

그 다음날 아침 깨어나 맥주와 소주를 해장술 마신다.

그러면 오후 3~4시경 일어나는데 또 술을 마시곤 다시 잠에 빠져든다.

저녁 11시경쯤 일어나 또 소주 2병 정도 마신다. 다시 취침.

■ 2일째

다시 아침에 깨어나 30분도 못 버티고 또 소주를 마신다.

안주는 거의 떨어지고 사다 놓은 남은 안주로 해서 마시기 시작.

소주 2병 정도 마시고 잔다.

점심에 깨어나 이젠 그만 마셔야지 하고 1~2시간 버티다가

참을 수 없어 또 마신다.

■ 3일째

이젠 안주도 없고 그냥 깡소주로 마신다.

밥은 속에서 잘 안 받는다.

■ 4일째

아침, 점심, 저녁으로 눈만 뜨면 그냥 소주 들이킨다.

■ 5일째

밥은 한 끼도 안 먹은 지 3일인가? 4일인가?

기억도 잘 안 나고 이때부터는

아침인가 저녁인가 구분이 잘 안 간다.

■ 6일째

또 소주를 아침, 저녁으로 마신다.

■ 7일째

몸이 말이 아니다.

머릿속은 이러면 안 되는데 하면서

눈뜨자마자 방 안에 있는 술 들이키고

■ 8일째

온몸의 기운은 다 없어지고 거의 죽을 지경에 이르른다.

계속 눈만 떴다 하면 5분을 못 견디고 술을 마신다.

물 한 잔 마시고 싶은데 냉장고가 있는

거실까지 기어서도 도저히 갈 수가 없다.

비몽사몽 간에 정신을 차려 물을 마시곤 혼수상태에 빠진다.

미치겠다.

■ 9일째

이젠 술 마실 기운조차 없다. 그래도 의지력(?)을 발휘해 또 마신다.

또다시 깨어나 물 좀 마시고 싶은데 기어가는데 5~7시간 걸린다.

정신이야 어떡하든 물 좀 마셔야 하는데 몸이 말을 안 듣고

하여간 같은 자리에 몇 시간여 쓰러져 자고

■ 10일째

오늘이 며칠째… 술만 마시는지는 솔직히 모른다.

나중에 며칠 지나 언제부터 마신 날짜가 기억나니까

10일 정도로 추정.

■ 11일째에서 15일째

더 이상… 기운도… 마실 힘도 없지만 그래도 비몽사몽 마신다.

그렇게 쭈욱 열심히… 죽기살기로 마신다.

내 의지와는 상관없이 지독한 우울증과

알코올중독이란 무서운 병에 걸려 마시고 또 마실 뿐이다.

> 그렇게 마셨던 지난 과거가 흘러
> 술을 완전히 단 한 방울도 안 마신 지가 13년째네요.
>
> - 2022년 3월 단주 19년째

다음은 인터넷 단주카페에 가입하신 분께서 가입 당시 처음으로 올리신 글과, 그로부터 4년 후에 올리신 두 가지의 수기입니다.

어제 또 마셔버리고 말았습니다

어제가 금주 15일째였는데 전날 와이프랑 언쟁으로 인해 하루 종일 참고 참았지만 마셔버리고 말았습니다. 15일간의 금주생활이 너무나 좋았기에 정말 깨뜨리고 싶지 않았는데 지금은 앞으로 어떻게 해낼 수 있을까 걱정만 가득합니다. 잠시 산책하고 돌아오는데 집으로 들어오는 걸음이 천근만근 오늘 하루 참아낼 수 있을까 너무나 힘듭니다.

혼자의 힘으로 불가능하다는 단주의 길이라지만 여러 카페에 가입해서 글도 올리며 해나가고 있었는데 지금은 정말 자신이 없네요. 어떻게 하면 집착을 떨쳐낼까 그 고민만 하루 종일 하고 있습니다.

단주 4년 단상

안녕하세요. 이곳에서는 일공일오라는 닉네임으로 4년 전 치열하게 단주를 시작했던 알중입니다. 오늘로써 저의 단주가 4년을 꼬박 채웠습니다. 단주를 처음 시작할 때 이곳에서 동료와 선배분들께 많은 도움을 받았었습니다. 그때 계신 분들이 아직 활동하고 계신지 솔직히 잘 모르겠습니다만, 다시 한번 감사하다는 말씀을 드리고 싶습니다. 저에게는 생명의 은인 같은 분들입니다.

단주는 제가 지금까지 했던 어떤 일보다 잘한 결심이었다는 것을 새삼 느끼고 있습니다. 단주를 시작한 후 저의 생활은 많이 달라졌습니다. 아침에 일어나서 저녁에 잠들기까지, 잠을 자고 있는 시간에도 술을 마시던 시절과는 전혀 다른 사람이 되어 있습니다. 매일같이 술을 마시던 시절에는 우선 숙면을 취하지 못했습니다.

새벽에 한두 번씩은 깨어나고, 다시 잠들지 못해 다시 술을 마셨던 적도 있었지요. 당연히 상쾌한 아침이 올 리가 없습니다. 하루를 그렇게 무거운 숙취와 우울한 기분으로 시작하고 몇 시간 안 지나 또 술 생각. 대낮부터 마시기 시작하면 그날 하루는 그냥 날린 겁니다.

저녁시간에 술을 마시기 시작해도 별다른 건 없습니다. 의미 없는 시간. 중요한 일에 대한 깊은 생각 같은 건 불가능하고 감정 변화의 진폭은 엄청났습니다. 쓸데없이 흥분하고, 오버하고, 슬퍼하고, 외로워하고, 가족들에게 미안한 시간들이었습니다. 우울감이 극에 달하던 시기에, 20년을 넘게 매일같이 마시던 술을 끊기로 마음먹고도 좀처럼 단주가 어려운 시간들이 있었습니다. 제 닉네임이 일공일오(10/15)임에도 단주 시작일은 10/31입니다. 그 사이에도 실패가 있었고, 그 전에도 단주의 결심과 실패는 수없이 있었습니다.

마지막 실패 이후 이곳 카페를 찾았고, 그 이후 지금까지 술을 입에 대지 않았습니다. 많은 일들이 있었고 감정의 기복이 심한 날도 있었지만 술 생각을 하지는 않았습니다. 이제는 일부러 하지 않으면 술은 머릿속에 떠오르지 않습니다. 하지만 안심할 수는 없습니다. 저는 알코올중독의 기질을 가지고 있는 사람이기에 늘 조심해야 합니다. 저는 두 가지를 조심해야 한다고 늘 생각합니다. 호기심(?)과 자만심입니다. '분위기나 감성에 취해 술을 한 잔 마셔보면 어떨까? 괜찮지 않을까?'라는 호기심 같은 생각과 술을 마시더라도 또 끊을 수 있을 것이라는 자만심이 합쳐진다면 원치 않는 결과가 나올 수 있기에 이 둘을 항상 조심하려고 합니다.

두어 달 전부터 저는 금연을 시작했습니다. 담배도 술처럼 저에게 역사가 깊습니다. 30년 가까이 폈군요. 병원에서 금연약을 처방받고 지난 추석 전부터 담배를 피지 않았는데, 의외로 이번에는 금연이 가능할 듯합니다. 아직까지는 한 대도 피지 않았습니다. 금연을 하는 중에 단주를 시작할 때 상황을 많이 떠올렸습니다. 결국 중독이라는 카테고리 안에 있으니 공통점이 있습니다. 안 하면 갈망이 줄어들고 하면 늘어난다. 시간이 지나야 갈망이 사라진다. 단주에서 배운 스킬이 금연에 적용되니 한편 씁쓸하기도 합니다. 둘 다 하지 않았으면 좋았을 것을… 하지만 이제는 더 이상 물질에 의존하지 않는 사람이 되어간다는 사실에 최근에는 단주 초기처럼 좀 붕뜬 느낌입니다. 기쁜 마음이 있습니다.

저는 아직도 몸이 회복의 과정에 있다고 생각합니다. 몇 십 년 동안의 음주가 몸에 끼친 나쁜 영향이 그리 쉽게 떨어져 나갈 것 같지 않습니다. 매일 조금씩이라도 운동을 하고 식습관에도 신경을 많이 쓰고 있습니다. 몸은 조금씩 나아지고 있습니다. 이제 다시는 술을 마시던 시절로 돌아가지 않기 위해 정신을 가다듬고 있습니다.

> 저의 별로 의미 없이 긴 글을 읽어주신 분들도 반드시 단주 성공하시고, 한번 시작된 단주는 절대 놓지 마시고 끌고 가시기 바랍니다. 갈망은 줄어들고 단주에 대한 확신은 시간이 길수록 강해집니다. 설혹 실패하더라도 이를 악물고 다시 시작하세요. 포기하면 몇 년 그냥 지나갑니다. 그리고 하루 이틀 단주가 이어진다면 이번에는 절대 놓지 않는 겁니다. 그럼 저는 내년에 5년을 맞아 다시 오겠습니다. 늘 건강하시기를 행복하시기를 바랍니다.
>
> - 2022년 10월 31일 단주 4년째

한국인의 알코올의존 환자의 퇴원 후 단주율을 조사한 연구들에 의하면, 단주 성공율은 18.8%(48명 중 9명, 단주 6개월)[50], 23.3%(30명 중 7명, 단주 2년)[51], 30.5%(141명 중 43명, 단주 1년)[49], 52.9%(34명 중 18명, 단주 1년)[52]로 밝혀져 있습니다(단, 병원에 입원한 환자들의 경우 타의에 의한 강제입원이 많은 것을[40] 고려하면, 스스로 단주 의지를 가지고 있을 경우 단주율은 더욱 높아질 것입니다).

퇴원으로부터 1년 후의 시점에서 단주하고 있던 사람들이 그로부터 다시 1년 후 음주가 재발한 확률은 5%, 또다시 그로부터 1년 후(병원 퇴원으로부터 3년 후) 재발한 확률은 4%로 밝혀져 있습니다. 즉, 이는 첫 1년의 단주에 성공하면 그 후로도 단주가 유지될 확률이 매우 높다는 것을 의미합니다[19]. 금단증상 때문에 특히 괴로운 단주 후의 1주일간은 '이 고통이 평생 동안 계속되는 것인가?', '어떻게 평생을 이렇게 참고 견디면서 살 수 있을까?'라는 생각이 떠오를 수 있습니다만, 시간이 흐를수록 단주는 생활의 일부가 되고 편해질 것이며, 술은 참아야 하는 것이 아니라 자신의 인생에서 더 이상 필요 없는 존재가 될 것입니다.

05
어떤 사람들에게 단주가 필요한가?

알코올 사용장애의 중요한 포인트는 일상생활에서 음주에 의한 악영향이 생겨나고 있는지의 여부입니다. 단, 여기에서 간과할 수 없는 문제는 지금 당장은 술 때문에 벌어지는 큰 문제가 없다고 하더라도, 음주를 하게 되면 일상적으로 여러 가지 문제가 초래될 수 있다는 것입니다.

쉬운 예로 술을 마시면 주의력과 판단력이 떨어집니다. 술을 마시지 않은 맨정신이었다면 결코 일어나지 않았을 넘어짐이나 부주의한 사고에 의해서 실제로 많은 사람들이 다치거나 목숨을 잃습니다. 음주는 정신적, 신체적, 사회적으로 너무나도 다양한 위험성을 가지고 있는 것입니다[13, 16].

표 12. 알코올에 의한 정신적, 신체적, 사회적 위험성

정신적	신체적	사회적
알코올 사용장애	암	결근, 지각
스트레스에 취약해짐	간염, 간경변	실직
초조, 불안, 쉽게 화를 냄	부정맥, 심근증, 말초신경장애	작업능력 저하
불안장애	췌염, 위염	가정폭력
인격장애	식도정맥류 파열	아동학대
불면증	당뇨병, 통풍	별거
우울증, 조울증	고혈압, 고지혈증	이혼
공황장애	외상(넘어짐, 사고)	범죄
뇌의 위축	근력 저하	폭력사고
베르니케 뇌증	심질환, 뇌혈관장애	음주운전
섬망, 치매	골다공증	빚
다른 의존증	대퇴골두 무혈성 괴사	도박
자살	알코올이탈 경련발작	인간관계 손실

한국인의 사인(死因) 제1순위는 암으로, 누구나 암을 두려워합니다. 세계보건기구의 산하인 국제암연구소(IARC, International Agency for Research on Cancer)에서는 얼마나 확실히 암을 유발하는지에 따라 몇 가지 그룹으로 나누어 위험요소를 지정하여 발표하고 있습니다. 그중에 암을 일으킨다는 충분한 증거가 있는(Carcinogenic to humans) 그룹 1에는 흡연과 함께 알코올이 지정되어 있습니다[20]. 또한 다음 표에서 나타내는 것처럼 음주는 우리 몸의 다양한 곳에 암을 유발할 수 있음이 국제암연구소에 의해 공표되어 있습니다[21].

표 13. 알코올 섭취가 암의 원인이 되는 신체 부위

구강, 침샘, 인두, 후두, 식도, 결장, 직장, 간, 췌장, 유방

세계적으로 음주가 위험요인으로 밝혀져 있는 암의 종류는 다음과 같습니다. 와인을 포함한 술의 종류에 상관없이, 어떤 술이든 알코올이 들어있다면 암의 위험성을 증가시키며, 이러한 위험성은 대량 음주에 한정된 것이 아니고 소량의 음주이더라도 발암의 위험성을 높인다고 밝혀져 있습니다[10, 32, 33, 34].

표 14. 음주가 위험요인으로 밝혀진 암의 종류[4, 5, 6, 7, 32, 33]

두경부암, 식도암, 간암, 유방암, 결장암, 대장암, 위암

일본에서 약 3만 4천 명을 대상으로 20여 년에 걸쳐 행한 추적연구에 의하면, 술을 마시는 여성은 술을 마시지 않는 여성보다 46% 암의 위험성이 높았으며, 1주일에 1회 이하의 소량을 음주하는 여성이라 하더라도 암의 위험성은 높았다는 사실이 밝혀져 있습니다[35]. 하루에 한 잔의 와인이 건강에 좋다는 이야기도 있습니다만, 와인에도 역시 알코올이 포함되어 있으므로 이러한 신체적 위험성으로부터 안전하지 않으며 암의 위험성 또한 피해갈 수 없습니다[34].

즐겁기 위해, 하루의 피로를 풀기 위해, 잠들기 위해, 스트레스를 해소하기 위해 입에 대는 그 술잔 속에는 발암물질인 알코올이 포함되어 있는 것입니다. 이러한 암과의 관련성 외에도 알코올성 간 질환이나 알코올성 위염, 알코올 유발성 췌장염 등의 알코올 관련 사망자 수는 연간 약 5천 명으로 집계되어 있습니다[3].

그렇다면 단주는 어떤 사람들이 하는 것일까요? 앞서 우리는 정신의학의 진단기준인 DSM에서 알코올 사용장애를 진단하는 기준으로서 일상생활에서 음주에 의한 문제가 발생하고 있는지의 여부가 중요하다는 사실을 이해하였습니다.

그런데 여기에서 또 한 가지 중요한 문제는 알코올에 의존해 있으면서도 직장에 나가 직무를 수행하고, 또는 육아와 가족 뒷바라지를 해나가는 등 겉에서 보기에는 일상생활에 아무런 문제가 없어 보이는 고기능 알코올의존증(High functioning alcoholics)의 존재입니다[39]. 이들은 제 할 일을 다 하며 술을 마시기 때문에 가족조차도 그들의 음주가 문제가 되고 있음을 인식하지 못합니다. 그 결과 자신은 물론 가족 또한 단주의 필요성을 느끼지 못하고, 장기적인 음주는 이내 각종 정신적, 신체적 질병의 발병으로 이어지게 됩니다.

음주에 의한 문제를 가지고 있으면서도 병원에서 진단과 치료를 받는 사람은 불과 몇 %입니다[16]. 또한 앞서 말씀드린 것처럼 정신의학적 진단기준에 포함되지 않지만 사실은 음주문제를 가지고 있는 사람들도 있습니다. 얼마나 많은 사람들이 지금 이 순간도 음주 폐해의 영향하에 놓여 있는지 사실은 그 정확한 수를 알 수도 없습니다.

단주에 의한 장점으로서 쉽게 첫 번째로 손꼽히는 것이 경제적 효과입니다. 단주를 하게 되면 매번 술값으로 나가야 할 돈이 쌓이게 되기 때문입니다. 술을 오랫동안 마신 분들 중에는 "만약 내가 지금까지 술을 마시지 않았다면 집 한 채는 샀을 것이다"라는 말씀을 하시는 분들이 많습니다.

내 몸에 발암의 위험성을 높이며 돈까지 지불해야 하는 술값이 아니라, 만약 단주를 한다면 가족과 함께 멋진 여행을 할 수 있으며, 한 끼 식사를 해결하기 어려운 그 누군가에게 삶의 희망을 안겨줄 수도 있습니다. 알코올 사용장애의 여부에 관계없이 단주를 통해 자신의 삶이 더 의미 있고 좋은 방향으로 흘러갈 것이라고 생각된다면 누구든지 단주를 할 수 있습니다. 단주는 인생에서 가장 현명하고 멋진 최고의 선택이 될 수 있는 것입니다.

목표 2

인지행동치료가 무엇인지 알기

심리치료에는 수많은 상담기법이 존재합니다. 그중에서 인지행동치료(CBT, Cognitive Behavior Therapy)는 전 세계에서 유효성이 입증되어 있는 상담기법입니다[42]. 인지행동치료는 다음 그림과 같이 우리의 생각이 감정과 행동을 결정한다는 기본적인 전제에 입각한 기법입니다.

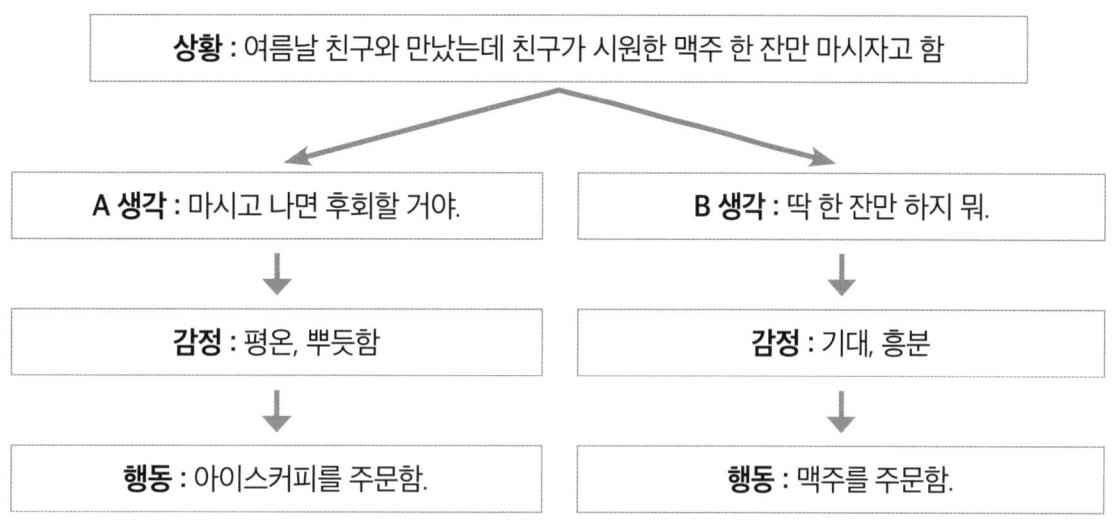

그림4. 생각-감정-행동의 흐름

같은 상황입니다만 어떻게 생각하느냐에 따라서 감정이 달라지고, 또한 술을 마시게 되는지 아닌지의 행동이 결정됩니다. 인지행동치료에서는 이러한 생각과 사고에의 개입뿐 아니라 일상생활에서 발생하는 다양한 문제들의 실질적인 해결을 꾀합니다.

표 15. 인지행동치료의 구성

인지행동치료 = 인지치료 + 행동치료	
인지치료	행동치료
■ 생각과 감정을 객관적으로 검토. ■ 부정적인 생각과 사고를 자신에게 유익하고 적응적인 것으로 전환시키고 강화 유지.	■ 일상생활에서 직면하는 구체적인 문제를 해결. ■ 일상생활을 모니터링하며 긍정적인 행동영역을 확대.

인지행동치료에서는 '워크시트'라 불리우는 서류를 작성하는 작업이 있습니다. 상담실에서 이루어지는 심리상담에서 워크시트는 상담자와 내담자가 상담 중에 함께 작성하거나 혹은 상담이

끝나고 일상생활로 돌아가서 작성하는 과제로 주어집니다. 즉, 상담실에 가지 않더라도 혼자서 워크시트를 스스로 작성하면서 인지행동치료를 실행할 수 있습니다.

워크시트를 작성하는 작업이 처음에는 귀찮기도 하고 꾸준히 작성하는 것이 힘들지도 모릅니다. 하지만 익숙해졌을 때는 종이에 직접 쓰지 않아도 머릿속으로 모든 작업이 자동적으로, 그리고 자연스럽게 행해질 수 있게 됩니다. 이 책에 직접 써넣으면서 익힌 인지행동치료의 기법들은 독자님의 뇌리 속에 기억될 것이며, 그렇게 된 후에는 종이에 써넣지 않더라도 언제든 일상생활에서 인지행동치료의 각종 기법들을 자동적으로 적용하고 활용하실 수 있을 것입니다.

인지행동치료는 자전거 타기로 비유됩니다. 처음에 우리가 자전거를 탔을 때 핸들은 비틀거리며 수도 없이 넘어집니다. 그렇지만 연습을 통해 익숙해지고 나면 우리는 자전거를 타는 방법 따위를 의식하는 일 없이 그야말로 자연스럽게 페달을 밟으며 커브도 틀 수 있게 됩니다. 워크시트를 작성하고 실생활에 적용하는 작업에 익숙해지기까지는 어느 정도의 노력이 필요하지만, 그것에 익숙해지고 나면 독자님의 일상생활의 곳곳에서 인지행동치료의 기법들은 그 힘을 발휘할 것입니다. 자전거 타기를 배우면서 넘어지는 것이 두렵다고, 혹은 배우는 것이 귀찮다고 해서 연습을 중단한다면 그 사람은 평생 동안 자전거를 탈 수 없게 됩니다. 이 책에서 인지행동치료를 스스로 진행해 나가시면서 귀찮고 힘들어지시면 자전거 타기를 떠올리시면서 스스로를 격려하시기 바랍니다.

단주는 평생 동안 계속됩니다. 10년 동안 단주를 하였다고 하더라도 다시 음주를 하게 되면 단주를 하였던 10년 동안의 통제력과 자제력은 감쪽같이 사라지고, 단주를 하기 전인 10년 전의 상태에서부터 그대로 알코올 사용장애는 진행됩니다. 이렇게 평생을 이어나갈 단주이기에 단주에 대한 동기부여와 납득 없이 반강제적인 생단주는 스트레스와 고통스러운 일상의 연속이 될 것이고, 따라서 재음주로 이어질 가능성도 높아집니다. 인지행동치료를 통해서 생각과 사고가 변화된다면, 단주는 참고 견디는 것이 아니라 마치 몸에 좋은 음식과 약을 챙겨 먹는 것처럼 긍정적이고 자연스러운 삶의 일부가 될 것입니다.

표 16. 인지행동치료 실시와 단주의 관계

인지행동치료 실시 전	인지행동치료 실시 후
단주에 대한 동기부여, 납득 X → 단주 = 고통	단주에 대한 동기부여, 납득 O → 단주 = 삶의 원동력

워크시트는 매일 작성함으로써 효과를 발휘합니다. 매일 작성함을 통해서 우리의 생각이 바뀔 것이며 행동변화로 이어집니다. 하지만 매일 무엇인가를 작성한다는 작업을 습관화시키는 것도 처음에는 쉽지 않을 수 있습니다. 이를 위해서는 정해진 시간에 알려주는 리마인더나 하루의 일정을 가르쳐주는 캘린더 등의 도구를 적극적으로 이용하시기 바랍니다. 워크시트 작성을 충실히 해나갈 경우에 심리치료의 효과가 높아졌음이 수많은 연구에서 입증되어 있습니다. 워크시트 작성은 독자님의 생각과 감정을 바꿀 것이며, 이내 단주라는 행동으로 이어질 것입니다. 마지막으로 인지행동치료의 가장 중요한 대전제를 한 가지 말씀드리고자 합니다. 그것은 나를 가장 잘 아는 전문가는 바로 내 자신이라는 것입니다.

나는 나를 가장 잘 아는 전문가이다.
나는 나의 치유자이다.

나는 나의 약점과 강점 모든 것을 이 세상 그 누구보다 더 잘 알고 있습니다. 그렇기 때문에 나를 치유할 수 있는 가장 훌륭한 전문가는 바로 내 자신입니다. 단주는 외로운 싸움입니다. 알코올 사용장애의 극복을 위해 인지행동치료는 큰 힘이 될 수 있을지도 모릅니다.

단주에 성공할 수 있는 유일한 방법! 그것은 포기하지 않는다는 것입니다. 매일매일의 일상 속에서 작성하는 인지행동치료의 워크시트들은 나의 생각과 사고를 바꿀 것입니다. 그리고 이내 나의 행동과 삶이 바뀌어 단주성공으로 이어집니다. 독자님께서는 결코 포기하지 마시고 하루에 한 페이지씩 꾸준히 워크시트를 메꾸어 나가시기 바랍니다. 이 책에 실린 워크시트들의 작성예는 저자의 경험과 인터넷 단주카페 회원님들의 글을 참고로 작성하였습니다. 워크시트는 저자가 개발하였거나 인지행동치료 관련서적을 참고로 하여 작성되었습니다[41, 42, 43, 48].

인지행동치료 실전 들어가기에 앞서…

다음 페이지부터는 본격적인 인지행동치료에 들어갑니다. 인지행동치료는 이 책에서 '미션'이라는 이름을 붙인 각 워크시트를 작성하면서 진행됩니다. 어떤 워크시트가 자신의 단주에 도움이 될지는 알 수 없습니다. 워크시트는 반드시 순서대로 작성하지 않아도 되고, 목차를 다시 한번 보고 자신에게 지금 가장 필요하다고 생각하는 것부터 진행하실 수 있습니다.

한 가지 워크시트는 최소한 1주일 이상은 작성하시는 것이 좋습니다. 각 워크시트는 따로 복사할 필요가 없으시도록 여러 회 분량이 실려 있습니다. 자신이 작성한 곳을 사진으로 찍어 눈에 띄는 곳에 붙여두거나, 외출했을 때도 하루에 몇 번씩 읽고 검토한다면 더욱 효과적일 것입니다.

이 책의 마지막에는 복사용으로 각 워크시트들을 다시 실었습니다. 단주에 성공하기 전에 많은 분들이 음주재발을 경험합니다. 음주재발은 단주실패가 아닙니다. 단주성공을 위한 과정입니다. 언제 일어날지 모르는 음주재발에의 대비뿐만 아니라 단주의 동기부여 유지를 위해서 워크시트는 단주에 성공한 후에도 유용할 수 있습니다. 따라서 복사용 워크시트에는 직접 기입하지 마시고, 복사해서 사용하시는 것이 좋습니다.

> **음주재발은 단주실패가 아니며,
> 단주성공으로 향하는 과정입니다.**

> **포기하지 않는 한 단주는 반드시 성공합니다!**

제 2 장

인지행동치료 실전

목표 1

음주 중심의 생각에서 벗어나기

미션 1

단주를 결단하라
(나의 마지막 이미지 해보기)

작성목적

　사람은 태어나면 반드시 죽음을 맞이합니다. 앞서 우리는 알코올 사용장애의 마지막이 모든 것을 잃은 비참한 죽음이라는 것과, 알코올 사용장애를 치유하지 못할 경우 본래의 수명을 다 살지 못할 수도 있다는 것을 이해하였습니다. 그럼에도 불구하고 오랫동안 술에 지배되어 온 나의 생각과 사고는 아직도 음주를 고집하며 단주를 결단하지 못하고 있을 수도 있습니다. 이 워크시트의 작성은, 단 한 번뿐인 일생을 알코올 사용장애로 살 것인지, 아니면 술의 지배로부터 벗어나 자유로운 삶을 살 것인지, 지금까지 술의 그늘에 가려 회피해왔던 가장 중요한 질문에 대한 답이 될 것입니다.

나의 마지막 이미지 해보기

작성예

만약 단주하지 않는다면 나의 알코올 사용장애는 더욱더 악화될 수 있으며, 본래의 내 수명보다도 젊은 나이에 나는 삶의 마지막 순간을 맞이하게 될지도 모릅니다. 단주하지 않고 계속 술을 마실 경우 나의 건강, 재정, 인간관계, 그리고 내 인생의 상황이 개선될 확률은

0%

술을 끊지 않고 결국 술에 취한 채 삶의 마지막 순간을 맞이하는 내 모습을 구체적으로 상상해보자. 나는 어떤 모습인가… 누가 생각날 것인가… 무엇이 생각날 것인가… 내 인생은 만족스러웠는가…

■ 나의 모습	■ 떠오르는 생각
술에 취한 채 응급실에 실려가 제대로 숨도 쉬지 못하고 있다. 얼굴은 시커멓고 다 망가져서 사람의 몰골이 아니다.	내가 수치스럽다. 부끄럽다. 이렇게 늦기 전에 단주하지 못한 내가 한없이 원망스럽다. 가족들에게 미안함과 죄책감으로 괴롭다. 내가 왜 이렇게 되어버렸을까? 언제부터 잘못되어 온 것일까? 나는 왜 단주를 포기해버렸을까? 내 인생이 한없이 후회스럽고 한탄스럽다.

알코올 사용장애에서 벗어나지 못하고, 술에 취한 채 삶의 마지막을 맞이한 나는 누군가에게 마지막 말조차 남기지 못하였다. 내 삶의 마지막 순간에 나는 누구에게 무슨 말을 하고 싶을까? 글로 적어보자.

> 내 목숨보다 귀한 아이들에게…
> 결국 너희들에게 상처만 주고
> 이렇게 가버려서 너무나 미안하다.
> 너무나 미안해…
> 그리고 사랑한다…

지금까지 상상해온 일들이 몇 달 후, 또는 몇 년 후에 현실이 되지 않을 수 있도록 할 수 있는 방법은

단주이다.

그렇다면…
반대로 이번에는 내가 단주에 성공했을 때
나의 삶이 어떻게 바뀔 것인지에 상상해봅니다.

단주할 경우 나의 건강, 재정, 인간관계, 그리고 내 인생의 상황이 개선될 확률은

100%

지금 술을 끊고 늙어서 삶의 마지막을 맞이하는 내 모습을 아주 구체적으로 상상해보자. 나는 어떤 모습인가… 누가, 무엇이 생각날 것인가… 내 인생은 만족스러웠는가…

■ 나의 모습	■ 떠오르는 생각
나는 백발의 귀여운 할머니가 되어 있다. 남편과 함께 아침에 일찍 일어나 산책을 하고 난 후 커피를 마신다. 한 달에 한 번씩 아이들과 손주들이 집에 놀러 오고 그때마다 나는 맛있는 음식을 정성껏 만든다. 주일에는 교회에 나가 가족들을 위해 기도를 드린다. 가끔 여행을 가며, 나를 필요로 하는 사람들을 돕고 있다.	나의 삶이 너무도 만족스럽다. 매일매일이 감사하며 행복하다. 아침에 눈을 뜨면 하루가 기대된다.

나는 인생의 어느 시점에서 알코올 사용장애를 경험하였으나 극복하였고, 그 후로는 나의 삶을 충실히 살아내고, 이내 생의 마지막 순간을 맞이하게 된다. 그때 나는 누구에게 무슨 말을 하고 싶을까? 글로 적어보자.

아이들에게… 인생에서 힘든 일이 닥쳐와도, 엄마가 그랬던 것처럼 무너지지 말고 굳건하거라. 너희들에게 주어진 이 삶이 얼마나 값지고 감사한 것인지 매일 그 행복을 맛보고 누리면서 행복하게 살길 바래. 너희들은 하나님께서 나에게 주신 가장 큰 보물이야. 너무나 고맙고 사랑한다.

이것이 언젠가 나에게 현실이 될 수 있도록 하기 위한 방법은

단주이다.

나의 마지막 이미지 해보기

만약 단주하지 않는다면 나의 알코올 사용장애는 더욱더 악화될 수 있으며, 본래의 내 수명보다도 젊은 나이에 나는 삶의 마지막 순간을 맞이하게 될지도 모릅니다. 단주하지 않고 계속 술을 마실 경우 나의 건강, 재정, 인간관계, 그리고 내 인생의 상황이 개선될 확률은

%

술을 끊지 않고 결국 술에 취한 채 삶의 마지막 순간을 맞이하는 내 모습을 구체적으로 상상해보자. 나는 어떤 모습인가… 누가 생각날 것인가… 무엇이 생각날 것인가… 내 인생은 만족스러웠는가…

■ 나의 모습	■ 떠오르는 생각

알코올 사용장애에서 벗어나지 못하고, 술에 취한 채 삶의 마지막을 맞이한 나는 누군가에게 마지막 말조차 남기지 못하였다. 내 삶의 마지막 순간에 나는 누구에게 무슨 말을 하고 싶을까? 글로 적어보자.

지금까지 상상해온 일들이 몇 달 후, 또는 몇 년 후에 현실이 되지 않을 수 있도록 할 수 있는 방법은

그렇다면…

반대로 이번에는 내가 단주에 성공했을 때

나의 삶이 어떻게 바뀔 것인지에 상상해봅니다.

단주할 경우 나의 건강, 재정, 인간관계, 그리고 내 인생의 상황이 개선될 확률은

%

지금 술을 끊고 늙어서 삶의 마지막을 맞이하는 내 모습을 아주 구체적으로 상상해보자. 나는 어떤 모습인가… 누가, 무엇이 생각날 것인가… 내 인생은 만족스러웠는가…

■ 나의 모습	■ 떠오르는 생각

나는 인생의 어느 시점에서 알코올 사용장애를 경험하였으나 극복하였고, 그 후로는 나의 삶을 충실히 살아내고, 이내 생의 마지막 순간을 맞이하게 된다. 그때 나는 누구에게 무슨 말을 하고 싶을까? 글로 적어보자.

이것이 언젠가 나에게 현실이 될 수 있도록 하기 위한 방법은

나의 마지막 이미지 해보기

만약 단주하지 않는다면 나의 알코올 사용장애는 더욱더 악화될 수 있으며, 본래의 내 수명보다도 젊은 나이에 나는 삶의 마지막 순간을 맞이하게 될지도 모릅니다. 단주하지 않고 계속 술을 마실 경우 나의 건강, 재정, 인간관계, 그리고 내 인생의 상황이 개선될 확률은

%

술을 끊지 않고 결국 술에 취한 채 삶의 마지막 순간을 맞이하는 내 모습을 구체적으로 상상해보자. 나는 어떤 모습인가… 누가 생각날 것인가… 무엇이 생각날 것인가… 내 인생은 만족스러웠는가…

■ 나의 모습	■ 떠오르는 생각

알코올 사용장애에서 벗어나지 못하고, 술에 취한 채 삶의 마지막을 맞이한 나는 누군가에게 마지막 말조차 남기지 못하였다. 내 삶의 마지막 순간에 나는 누구에게 무슨 말을 하고 싶을까? 글로 적어보자.

지금까지 상상해온 일들이 몇 달 후, 또는 몇 년 후에 현실이 되지 않을 수 있도록 할 수 있는 방법은

그렇다면…

반대로 이번에는 내가 단주에 성공했을 때

나의 삶이 어떻게 바뀔 것인지에 상상해봅니다.

단주할 경우 나의 건강, 재정, 인간관계, 그리고 내 인생의 상황이 개선될 확률은

%

지금 술을 끊고 늙어서 삶의 마지막을 맞이하는 내 모습을 아주 구체적으로 상상해보자. 나는 어떤 모습인가… 누가, 무엇이 생각날 것인가… 내 인생은 만족스러웠는가…

■ 나의 모습	■ 떠오르는 생각

나는 인생의 어느 시점에서 알코올 사용장애를 경험하였으나 극복하였고, 그 후로는 나의 삶을 충실히 살아내고, 이내 생의 마지막 순간을 맞이하게 된다. 그때 나는 누구에게 무슨 말을 하고 싶을까? 글로 적어보자.

이것이 언젠가 나에게 현실이 될 수 있도록 하기 위한 방법은

나의 마지막 이미지 해보기

만약 단주하지 않는다면 나의 알코올 사용장애는 더욱더 악화될 수 있으며, 본래의 내 수명보다도 젊은 나이에 나는 삶의 마지막 순간을 맞이하게 될지도 모릅니다. 단주하지 않고 계속 술을 마실 경우 나의 건강, 재정, 인간관계, 그리고 내 인생의 상황이 개선될 확률은

%

술을 끊지 않고 결국 술에 취한 채 삶의 마지막 순간을 맞이하는 내 모습을 구체적으로 상상해 보자. 나는 어떤 모습인가… 누가 생각날 것인가… 무엇이 생각날 것인가… 내 인생은 만족스러웠는가…

■ 나의 모습	■ 떠오르는 생각

알코올 사용장애에서 벗어나지 못하고, 술에 취한 채 삶의 마지막을 맞이한 나는 누군가에게 마지막 말조차 남기지 못하였다. 내 삶의 마지막 순간에 나는 누구에게 무슨 말을 하고 싶을까? 글로 적어보자.

지금까지 상상해온 일들이 몇 달 후, 또는 몇 년 후에 현실이 되지 않을 수 있도록 할 수 있는 방법은

그렇다면…
반대로 이번에는 내가 단주에 성공했을 때
나의 삶이 어떻게 바뀔 것인지에 상상해봅니다.

단주할 경우 나의 건강, 재정, 인간관계, 그리고 내 인생의 상황이 개선될 확률은

%

지금 술을 끊고 늙어서 삶의 마지막을 맞이하는 내 모습을 아주 구체적으로 상상해보자. 나는 어떤 모습인가… 누가, 무엇이 생각날 것인가… 내 인생은 만족스러웠는가…

■ 나의 모습	■ 떠오르는 생각

나는 인생의 어느 시점에서 알코올 사용장애를 경험하였으나 극복하였고, 그 후로는 나의 삶을 충실히 살아내고, 이내 생의 마지막 순간을 맞이하게 된다. 그때 나는 누구에게 무슨 말을 하고 싶을까? 글로 적어보자.

이것이 언젠가 나에게 현실이 될 수 있도록 하기 위한 방법은

나의 마지막 이미지 해보기

만약 단주하지 않는다면 나의 알코올 사용장애는 더욱더 악화될 수 있으며, 본래의 내 수명보다도 젊은 나이에 나는 삶의 마지막 순간을 맞이하게 될지도 모릅니다. 단주하지 않고 계속 술을 마실 경우 나의 건강, 재정, 인간관계, 그리고 내 인생의 상황이 개선될 확률은

%

술을 끊지 않고 결국 술에 취한 채 삶의 마지막 순간을 맞이하는 내 모습을 구체적으로 상상해 보자. 나는 어떤 모습인가… 누가 생각날 것인가… 무엇이 생각날 것인가… 내 인생은 만족스러웠는가…

■ 나의 모습	■ 떠오르는 생각

알코올 사용장애에서 벗어나지 못하고, 술에 취한 채 삶의 마지막을 맞이한 나는 누군가에게 마지막 말조차 남기지 못하였다. 내 삶의 마지막 순간에 나는 누구에게 무슨 말을 하고 싶을까? 글로 적어보자.

지금까지 상상해온 일들이 몇 달 후, 또는 몇 년 후에 현실이 되지 않을 수 있도록 할 수 있는 방법은

그렇다면…
반대로 이번에는 내가 단주에 성공했을 때
나의 삶이 어떻게 바뀔 것인지에 상상해봅니다.

단주할 경우 나의 건강, 재정, 인간관계, 그리고 내 인생의 상황이 개선될 확률은

%

지금 술을 끊고 늙어서 삶의 마지막을 맞이하는 내 모습을 아주 구체적으로 상상해보자. 나는 어떤 모습인가… 누가, 무엇이 생각날 것인가… 내 인생은 만족스러웠는가…

■ 나의 모습	■ 떠오르는 생각

나는 인생의 어느 시점에서 알코올 사용장애를 경험하였으나 극복하였고, 그 후로는 나의 삶을 충실히 살아내고, 이내 생의 마지막 순간을 맞이하게 된다. 그때 나는 누구에게 무슨 말을 하고 싶을까? 글로 적어보자.

이것이 언젠가 나에게 현실이 될 수 있도록 하기 위한 방법은

미션 2

나에게 술을 마시고 싶어지게 하는 생각을 잡아라(인지모델도)

작성목적

친구, 술 광고, 무더운 여름날, 갈증이나 배고픔, 외로움, 무료함, 분노와 스트레스 등 음주를 유발하는 자극요인은 우리들의 일상생활 어디에서든 존재합니다. 인지모델도에서는 인지행동치료의 기본인 생각 - 감정 - 행동의 구조라는 관점에서 자신에게 있어 음주를 유발하는 자극과 그에 대한 자신의 생각, 그리고 감정과 행동을 정리하여 자신의 음주 패턴을 특정할 수 있습니다.

만약 아직 단주를 실행하고 있지 않거나 단주에 실패하신 분께서는 단주를 통해 이러한 것들이 어떻게 달라질지에 대해서도 구체적으로 이미지화할 수 있을 것입니다. 또한 이미 단주를 실행하고 계신 분에게는 자신의 음주유발 요인을 다시 한번 인식하고 음주재발을 방지하기 위해서도 유효할 수 있습니다.

아직 단주 실행 전인 경우, 왼쪽에는 현재의 생활에 대해서 적고, 오른쪽에는 자신이 단주하게 될 경우에 어떠할지를 상상해서 적습니다. 이미 단주하고 계신 경우 예전에 단주하기 전의 자신과 현재의 자신이 어떻게 바뀌었는지를 비교하면서 작성합니다.

인지모델도

작성예

■ 자극

드라마에서 주인공들이 즐겁게 술을 마시는 장면.

■ 단주 전 생각

'나도 저 사람들처럼 마시고 싶다.'
'술을 마시는 저 사람들이 즐거워 보인다.'
'술을 마시는 건 나쁜 것이 아니다.'
'오늘만 마시고 내일부터 다시 단주하자.'

■ 단주 후 생각

'저 사람들이 마시는 건 술이 아니라 물이다.'
'저 사람들은 지금 즐거운 척하고 있는 것이다.'
'술은 나를 망가뜨리고 죽인다.'
'술은 단 한 잔, 단 한 번으로는 절대로 끝나지 않는다.'

■ 감정

기대감 95%
초조함 90%

■ 감정

평온함 90%
안심감 90%

■ 행동

술과 안주를 사러 외출.
가족들의 저녁식사도 구입.
아이들은 게임.
나는 술을 마심.

■ 행동

채널을 돌린다.
저녁을 준비한다.
가족들과 함께 식사한다.
일찍 잠자리에 든다.

인지모델도

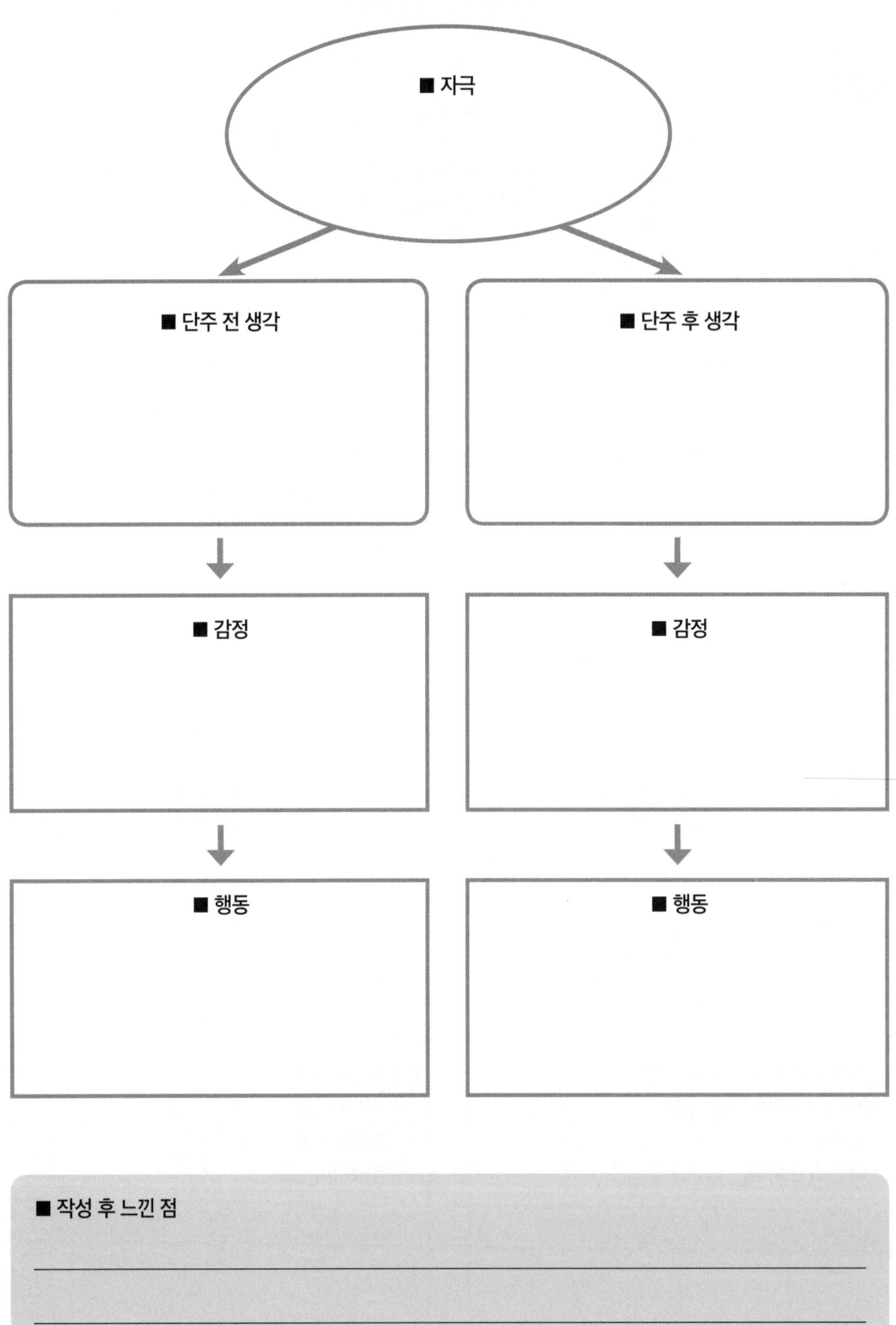

■ 작성 후 느낀 점

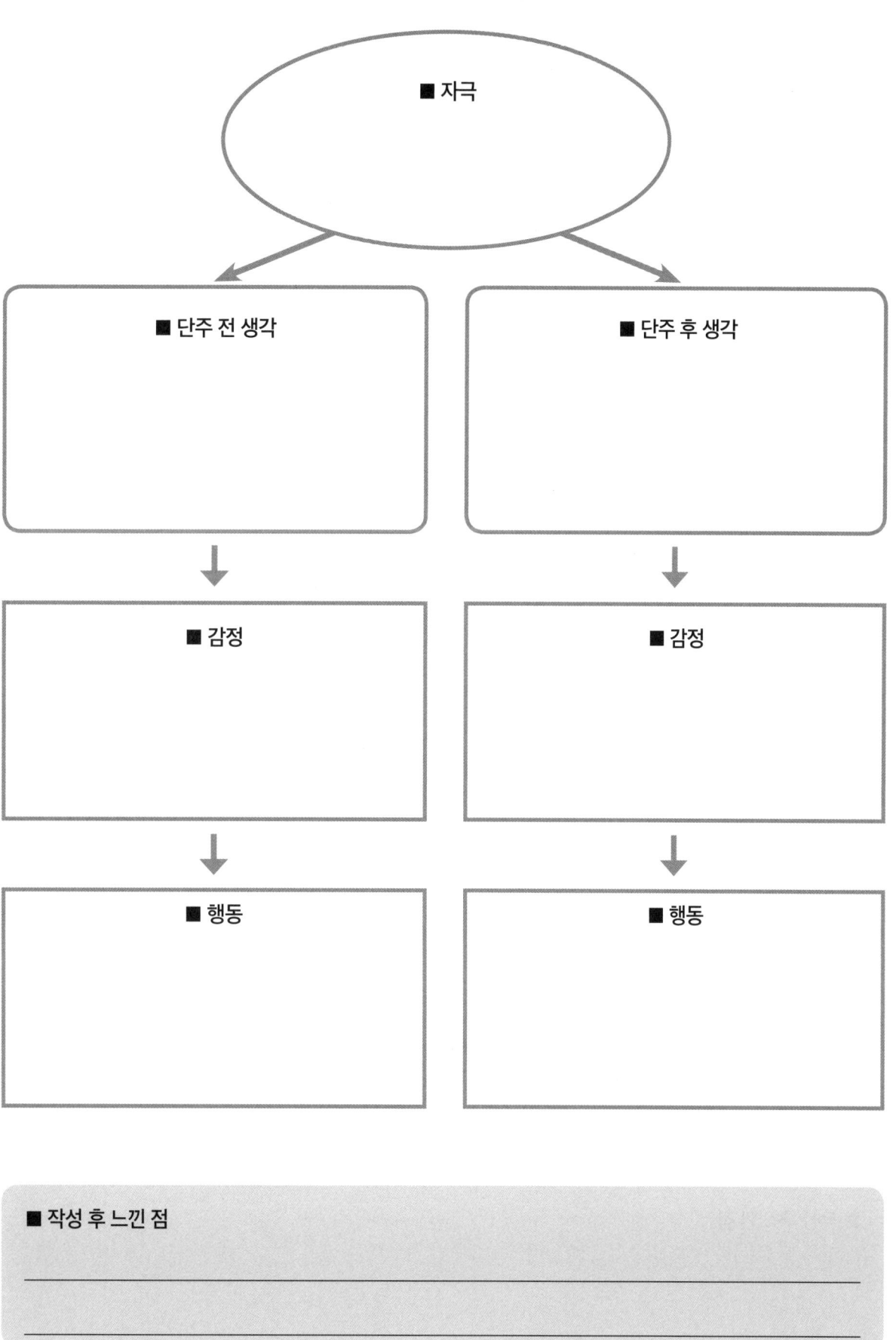

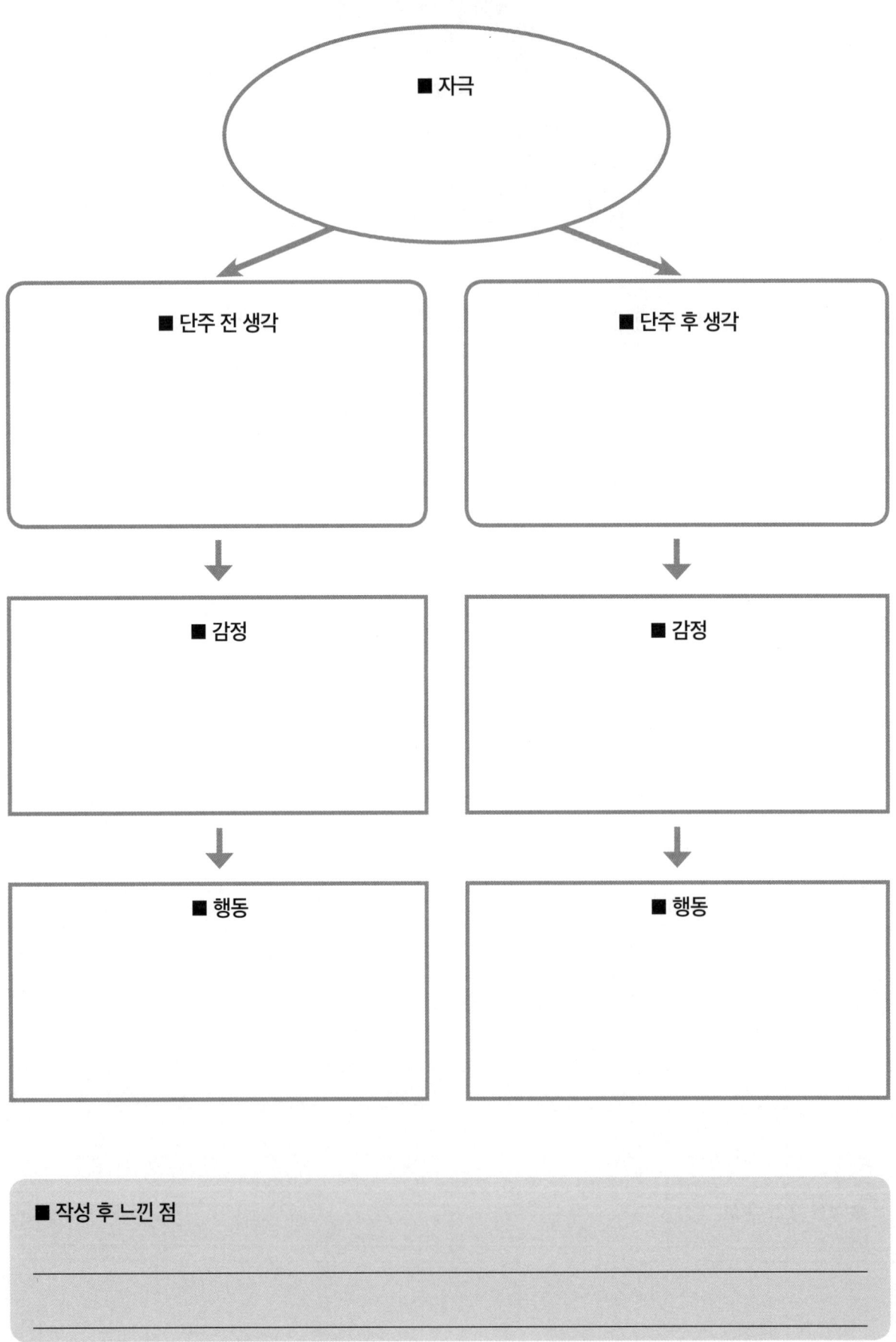

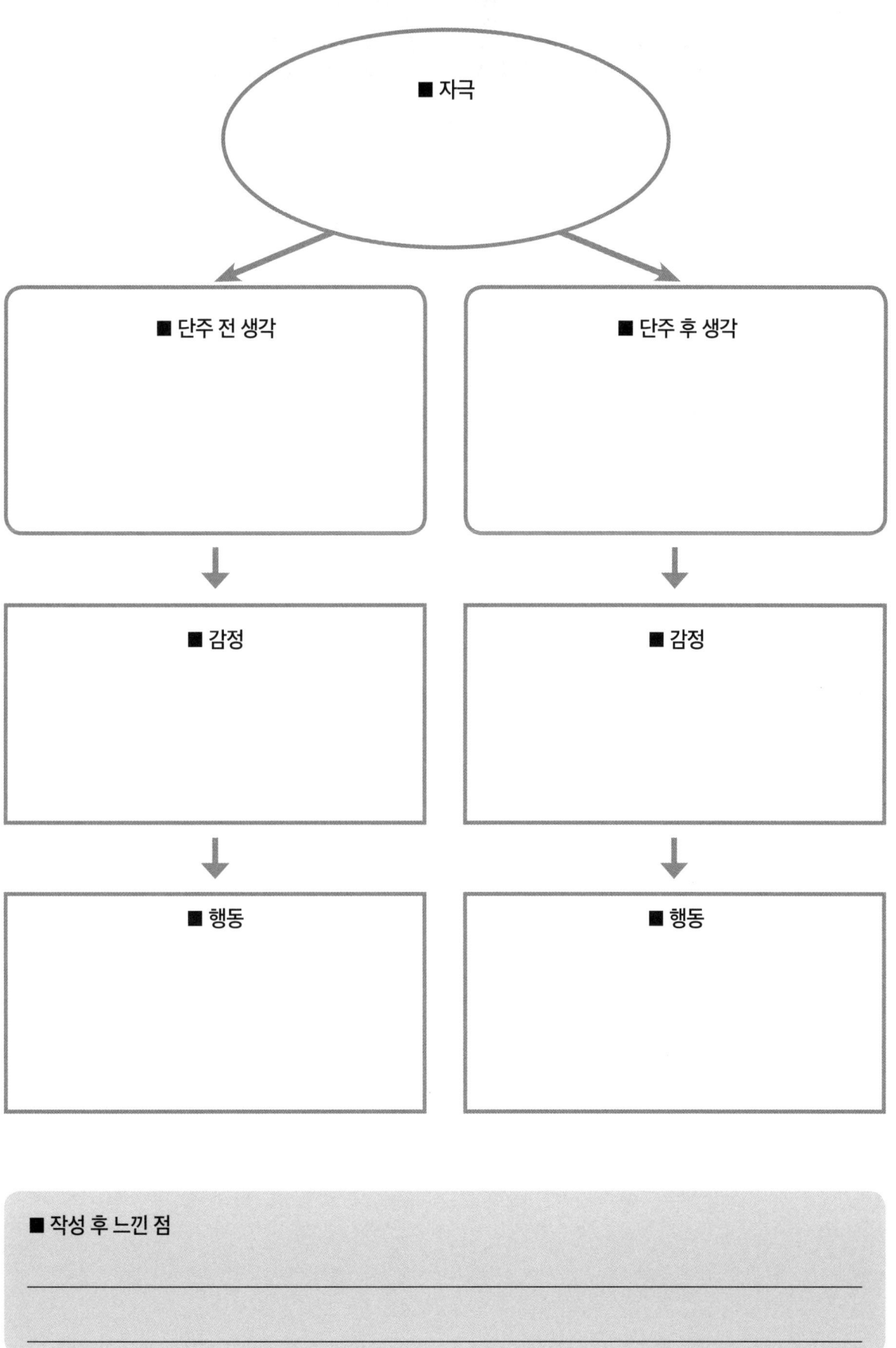

미션 3

단주를 방해하는 생각을 검증하라
(행동실험)

작성목적

　인터넷 단주카페에서 단주를 실행에 옮기시는 분들 중에서는 "막상 단주를 해보니 그렇게까지 힘들지 않았다"라는 말씀을 하시는 분들이 드물지 않습니다. 이러한 분들의 단주를 가로막고 있던 큰 요인은 '단주는 어려울 것이다', '술을 마시지 않을 수가 없다'라는 자신만의 가설입니다.

　이 워크시트에서는 이렇게 단주의 걸림돌이 되고 있는 자신만의 가설과 법칙을 하나의 실험으로서 검증하여 나의 단주를 방해하고 음주를 유지하게 만들고 있는 생각을 수정하여 봅니다. 만약에 행동실험의 결과가 자신의 단주에 있어 부정적인 것이 되었다면(예를 들면, 단 하루도 술을 참을 수 없다는 가설을 검증한 결과, 정말로 단 하루도 참지를 못했다), 결과의 원인을 분석하고, 수정하고 난 후 다시 행동실험에 도전하시기 바랍니다.

행동실험

작성예

■ 가설

술을 마시지 않으면 나는 견딜 수 없을 것이다.

■ 실험실시일, 방법

이번 주 주말, 부모님 댁에 머물면서 술을 마시지 않도록 해본다. 술을 마시지 않도록 하기 위해 부모님 댁에 갈 때 항상 사가던 술을 사 가지 않도록 한다.

■ 검증하고 싶은 내용

술을 마시지 않을 때 나의 마음, 몸, 생활.
가족들의 반응.

■ 실험결과

저녁을 먹을 때는 사실 약간 술 생각이 났다. 하지만 배부르게 밥을 먹으면서 가족들과 같이 시간을 보내면서 어느새 술 생각이 없어졌다. 밤에 잠들기 전에 가족들과 늦게까지 이야기를 나눌 수 있었다.
술을 마시지 않았기 때문에 다음날 일찍 일어나서 부모님의 일을 도울 수도 있었다. 아침에 일을 하고 평소에는 안 먹던 아침밥을 가족들과 함께 먹으면서, 만약 내가 앞으로도 술을 마신다면 나도 가족도 결코 그런 소중한 시간을 갖는 것이 불가능할 것이라는 생각이 들었다. 술을 마시고 항상 늦잠을 자는 내가 이번에 일찍 일어나서 그런지 가족들이 조금 놀라워했다. 아이들은 내가 술을 마시는 날보다도 훨씬 더 표정이 밝았고 말도 많았다.

■ 고찰, 느낀 점

'술을 마시지 않으면 견디지 못할 것이다'라는 나의 가설이 틀렸다는 것을 이번 실험을 통해 깨달았다. 이번에 단 하루의 단주였지만 나는 단주에 성공하였으며, 나뿐만 아니라 가족들에게도 많은 변화가 있었다. 역시 나는 자신과 가족들을 위해서 결심해야 한다.

행동실험

■ 가설

■ 실험실시일, 방법

■ 검증하고 싶은 내용

■ 실험결과

■ 고찰, 느낀 점

행동실험

■ 가설

■ 실험실시일, 방법

■ 검증하고 싶은 내용

■ 실험결과

■ 고찰, 느낀 점

행동실험

■ 가설

■ 실험실시일, 방법

■ 검증하고 싶은 내용

■ 실험결과

■ 고찰, 느낀 점

행동실험

■ 가설

■ 실험실시일, 방법

■ 검증하고 싶은 내용

■ 실험결과

■ 고찰, 느낀 점

미션 4

단주에 성공한 나를 상상하라
(이미지법)

작성목적

　단주할 것인가 아니면 이대로 계속 음주할 것인가에 의해 인생이 달라질 수 있습니다. 이 워크시트를 통해 단주 또는 음주하는 자신의 미래의 모습을 이미지화하며 단주에의 동기부여와 의지를 다져봅니다.

이미지법

> **작성예**

현재 나의 음주빈도와 양은 어느 정도입니까? 그렇다면 '그림 2. 알코올 사용장애의 진행단계'에서 볼 때 지금의 나는 어디에 속합니까?

```
일주일에 두 번 정도, 500미리 캔맥주 2개.
습관음주.
```

만약 여기에서 단주를 한다면 혹은 지금 이대로 평생 동안 음주를 계속하게 된다면 내 인생은 어떻게 달라질 것인지 상상하고 적어봅시다.

	음주	단주
5년 후	주량은 더 늘어나 있을 것이다. 집은 엉망이고 나는 늙고 추해져 있을 것이다.	나는 지금보다 더 건강해지고 아이들 뒷바라지에 힘쓰며 또한 내 일도 하고 있을 것이다.
10년 후	내 곁에는 아무도 없을 것이다. 가족들에게 씻을 수 없는 상처를 줄 것이다.	우리 가족은 더 큰 집으로 이사하였을 것이다. 나는 열심히 일을 하고 있을 것이다.
20년 후	나는 알코올중독으로 병원에 입원해 있거나 이미 죽었을 것이다. 내 아이가 알코올 사용장애가 되어 있을지도 모른다.	가족 모두 너무나 화목하며 행복한 삶을 살고 있을 것이다. 나는 어려운 사람을 도우면서 일을 계속하고 있을 것이다.

만약 내가 단주에 성공한다면 나에게는 어떠한 변화가 일어날까요? 성격, 일상생활, 가족, 친구, 돈, 직장 등 다양한 면을 머릿속으로 먼저 떠올려본 후 글로 적어봅니다. 지금처럼 술을 마시기 전의 예전을 떠올려도 좋습니다.

```
살이 빠질 것이다.
아이와 남편에게 쉽게 화를 내지 않을 것이다.
내 주위에는 가족 외에도 나를 사랑하는 사람들이 있을 것이다.
내 일이 누군가의 삶을 바꿀 수 있을 것이다.
아이들이 엄마를 자랑스러워할 것이다.
```

이미지법

현재 나의 음주빈도와 양은 어느 정도입니까? 그렇다면 '그림 2. 알코올 사용장애의 진행단계'에서 볼 때 지금의 나는 어디에 속합니까?

만약 여기에서 단주를 한다면 혹은 지금 이대로 평생 동안 음주를 계속하게 된다면 내 인생은 어떻게 달라질 것인지 상상하고 적어봅시다.

	음주	단주
5년 후		
10년 후		
20년 후		

만약 내가 단주에 성공한다면 나에게는 어떠한 변화가 일어날까요? 성격, 일상생활, 가족, 친구, 돈, 직장 등 다양한 면을 머릿속으로 먼저 떠올려본 후 글로 적어봅니다. 지금처럼 술을 마시기 전의 예전을 떠올려도 좋습니다.

이미지법

현재 나의 음주빈도와 양은 어느 정도입니까? 그렇다면 '그림 2. 알코올 사용장애의 진행단계'에서 볼 때 지금의 나는 어디에 속합니까?

만약 여기에서 단주를 한다면 혹은 지금 이대로 평생 동안 음주를 계속하게 된다면 내 인생은 어떻게 달라질 것인지 상상하고 적어봅시다.

	음주	단주
5년 후		
10년 후		
20년 후		

만약 내가 단주에 성공한다면 나에게는 어떠한 변화가 일어날까요? 성격, 일상생활, 가족, 친구, 돈, 직장 등 다양한 면을 머릿속으로 먼저 떠올려본 후 글로 적어봅니다. 지금처럼 술을 마시기 전의 예전을 떠올려도 좋습니다.

이미지법

현재 나의 음주빈도와 양은 어느 정도입니까? 그렇다면 '그림 2. 알코올 사용장애의 진행단계'에서 볼 때 지금의 나는 어디에 속합니까?

만약 여기에서 단주를 한다면 혹은 지금 이대로 평생 동안 음주를 계속하게 된다면 내 인생은 어떻게 달라질 것인지 상상하고 적어봅시다.

	음주	단주
5년 후		
10년 후		
20년 후		

만약 내가 단주에 성공한다면 나에게는 어떠한 변화가 일어날까요? 성격, 일상생활, 가족, 친구, 돈, 직장 등 다양한 면을 머릿속으로 먼저 떠올려본 후 글로 적어봅니다. 지금처럼 술을 마시기 전의 예전을 떠올려도 좋습니다.

이미지법

현재 나의 음주빈도와 양은 어느 정도입니까? 그렇다면 '그림 2. 알코올 사용장애의 진행단계'에서 볼 때 지금의 나는 어디에 속합니까?

만약 여기에서 단주를 한다면 혹은 지금 이대로 평생 동안 음주를 계속하게 된다면 내 인생은 어떻게 달라질 것인지 상상하고 적어봅시다.

	음주	단주
5년 후		
10년 후		
20년 후		

만약 내가 단주에 성공한다면 나에게는 어떠한 변화가 일어날까요? 성격, 일상생활, 가족, 친구, 돈, 직장 등 다양한 면을 머릿속으로 먼저 떠올려본 후 글로 적어봅니다. 지금처럼 술을 마시기 전의 예전을 떠올려도 좋습니다.

미션 5

음주의 이익과 손해를 객관적으로 고려하라
(손익분석)

> **작성목적**

　알코올 사용장애인 당사자에게는 두 가지 마음이 존재합니다. 술을 끊을 생각이라고는 전혀 보이지 않는 사람이라고 하더라도, 단 1%의 '술을 끊는 편이 좋을 텐데'라는 생각이 마음 한켠에는 존재할지도 모릅니다.

　어떤 행동이든 장점과 단점이 존재합니다. 음주는 술을 마시는 행동이며, 따라서 이득과 손해가 존재합니다. 그러나 음주가 생활의 중요한 큰 부분을 차지하고 있는 사람은 사실 그 마음속에 음주에 대한 두 가지 생각이 존재하고 있음에도 불구하고, 음주에 의한 손해는 할애하고 이익만을 자신의 안에서 강화시킵니다.

　이 워크시트를 매일 작성함으로써 항상 막연한 생각으로만 그쳤던 음주에 대한 이득과 손해를 객관적으로 검토하여 단주에의 동기부여를 가질 수 있으며, 이미 단주 중인 경우 그 동기부여를 유지함으로써 음주재발을 방지할 수도 있습니다.

손익분석

작성예

음주의 이득	음주의 손해
10월 8일 스트레스 해소가 된다. 기분이 좋아진다. 10월 9일 싫은 사람, 싫은 일을 잊을 수 있다. 10월 10일 친구들과 즐겁게 시간을 보낼 수 있다.	술을 마셔도 문제는 해결되지 않는다. 다음날 죄책감과 자괴감이 든다. 엄밀히 말해서 잊혀지는 것은 술을 마시고 필름이 끊겼을 때뿐이다. 술을 마시고 섣불리 속내를 털어놔서 인간관계가 악화되었던 적도 있었다. 술을 마시지 않아도 즐거운 시간은 만들 수 있다. 친구들도 좋지만 지금 이대로 나가면 나는 알코올중독자가 된다. 그러면 친구들도 모두 나를 떠날 것이다.

손익분석

음주의 이득	음주의 손해

■ 작성 후 느낀 점

손익분석

음주의 이득	음주의 손해

■ 작성 후 느낀 점

손익분석

음주의 이득	음주의 손해

■ 작성 후 느낀 점

손익분석

음주의 이득	음주의 손해

■ 작성 후 느낀 점

목표 2

일상생활 개선하기

미션 6

얼마나 마시고 있는지와 나의 생활패턴을 파악하라
(음주일기 & 활동기록표)

작성목적

현재의 자신의 일상생활에서의 음주의 빈도와 음주량을 파악할 수 있습니다. 또한 행동과 음주의 관계성을 살펴봄으로써 자신에게 있어 음주의 유발요인을 검토할 수 있습니다. 처음에는 모든 칸을 완벽하게 메꾸지 못하더라도 좋으니 매일 작성하도록 합니다.

음주일기 & 활동기록표

작성예

* 그 시간의 활동과 음주갈망도(0 : 전혀 마시고 싶지 않음 / 100 : 마시지 않으면 견딜 수 없음)를 기록

날짜	10/1(월)	2(화)	3(수)	4(목)	5(금)	6(토)	7(일)
6~7시	기상, 런닝 0	기상, 런닝 0	기상, 런닝 0		기상, 런닝 0	취침	취침
7~8시	아침 0	아침 0	아침 0	기상 0	아침 0		
8~9시	출근 0	출근 0	출근 0	출근 0	출근 0		
9~10시	일 0	일 0	일 0	일 0	일 10		
10~11시	0	0	0	0	10	↓	
11~12시	0	0	0	0	20	점심 50	↓
12~13시	점심 0	점심 0	점심 40	점심 0	점심 30	TV 80	점심 0
13~14시	0	0	50	일 0	30	취침	취침
14~15시	0	0	60	0	40		
15~16시	0	0	70	0	회의 80		
16~17시	0	0	80	↓	80	↓	↓
17~18시	귀가 10	귀가 10	귀가 90	귀가 0	80	친구랑	청소 0
18~19시	저녁 0	저녁 10	음주	저녁 20	↓ 90	음주	저녁 0
19~20시	TV 0	TV 0		TV 10	귀가 90		TV 0
20~21시	↓ 0	↓ 0	↓	↓ 0	음주		
21~22시	취침	취침	취침	취침			
22~23시						↓	취침
23~24시						귀가	
24~0시					취침	취침	
0~1시							
1~2시							
2~3시							
3~4시							
4~5시							
5~6시	↓	↓	↓	↓	↓	↓	↓
음주량	X	X	소주 1병	X	소주 2병	소주 2병	X

음주일기 & 활동기록표 검토하기

작성예

1. 음주한 날의 생활패턴은 어떠한가? 음주의 계기가 된 어떤 일(활동, 기분)이 있었는가?

   술을 마신 다음날은 몸이 힘들기 때문에 다음날 일이 없는 금요일과 토요일에 맘 놓고 마신다.
   술 마신 다음날은 컨디션이 좋지 않기 때문에 하루 종일 TV를 보거나 잠을 잔다.
   원래 평일에는 마시지 않으려고 하는데, 수요일에는 점심도 못 먹고 일을 하면서 너무 배가 고파서 집에 오는 길에 안줏거리를 많이 사와서 술을 마셨다.

2. 음주하지 않은 날의 생활패턴은 어떠하였는가? 어떤 활동을 하였는가?

   술을 마시지 않은 다음날은 일찍 일어나서 운동도 하고 하루가 충실하다. 요리도 하고 밥도 잘 챙겨 먹는다.

3. 다음 일주일 동안 2.의 활동을 더욱 늘리거나 개선시킬 수 있는 구체적인 방법은 무엇인가?

   저녁을 먹고 나서 TV만 보면서 저녁시간을 보내는데 저녁을 먹고 나서 워킹이나 산책을 하는 편이 좋을 것 같다.
   주말에도 술을 마시느라 집 청소를 할 시간이 거의 없으니 청소를 하는 것도 좋을 것 같다.

4. 지난 일주일간 내가 했던 활동 외에 단주에 도움이 될 만한 활동은 무엇인가? (자신은 물론 주위 사람에게도 유익하다면 더욱더 좋다)

   주말에는 항상 술만 마시느라 부모님을 찾아뵙지도 않았는데, 한 달에 한 번은 부모님을 찾아뵌다. 부모님도 내 걱정을 덜 하시게 되고 기뻐하실 것 같다.
   예전부터 요가를 배워보고 싶었기 때문에 주말 요가반도 등록하면 좋을 것 같다.
   평일에 점심을 거르면 저녁에 술과 함께 과식하기 때문에 점심을 거르지 않도록 한다.

5. 다음 일주일 이내에 4.의 활동을 실행할 수 있는 구체적인 방법은 무엇인가? 그 방법은 구체적으로 언제 실행할 수 있는가?

   워킹시트를 작성하고 나서 바로 부모님에게 이번 주 주말에 간다고 연락을 한다.
   부모님께 연락하고 나서 부모님과 함께 저녁을 먹을 음식점을 예약한다.
   내일 회사에서 점심을 먹고 나서 집에서 가까운 요가학원을 검색해본다.

음주일기 & 활동기록표

* 그 시간의 활동과 음주갈망도(0 : 전혀 마시고 싶지 않음 / 100 : 마시지 않으면 견딜 수 없음)를 기록

날짜							
6~7시							
7~8시							
8~9시							
9~10시							
10~11시							
11~12시							
12~13시							
13~14시							
14~15시							
15~16시							
16~17시							
17~18시							
18~19시							
19~20시							
20~21시							
21~22시							
22~23시							
23~24시							
24~0시							
0~1시							
1~2시							
2~3시							
3~4시							
4~5시							
5~6시							
음주량							

음주일기 & 활동기록표 검토하기

1. 음주한 날의 생활패턴은 어떠한가? 음주의 계기가 된 어떤 일(활동, 기분)이 있었는가?

2. 음주하지 않은 날의 생활패턴은 어떠하였는가? 어떤 활동을 하였는가?

3. 다음 일주일 동안 2.의 활동을 더욱 늘리거나 개선시킬 수 있는 구체적인 방법은 무엇인가?

4. 지난 일주일간 내가 했던 활동 외에 단주에 도움이 될 만한 활동은 무엇인가? (자신은 물론 주위 사람에게도 유익하다면 더욱더 좋다)

5. 다음 일주일 이내에 4.의 활동을 실행할 수 있는 구체적인 방법은 무엇인가? 그 방법은 구체적으로 언제 실행할 수 있는가?

■ 작성 후 느낀 점

음주일기 & 활동기록표

*그 시간의 활동과 음주갈망도(0 : 전혀 마시고 싶지 않음 / 100 : 마시지 않으면 견딜 수 없음)를 기록

날짜							
6~7시							
7~8시							
8~9시							
9~10시							
10~11시							
11~12시							
12~13시							
13~14시							
14~15시							
15~16시							
16~17시							
17~18시							
18~19시							
19~20시							
20~21시							
21~22시							
22~23시							
23~24시							
24~0시							
0~1시							
1~2시							
2~3시							
3~4시							
4~5시							
5~6시							
음주량							

음주일기 & 활동기록표 검토하기

1. 음주한 날의 생활패턴은 어떠한가? 음주의 계기가 된 어떤 일(활동, 기분)이 있었는가?

2. 음주하지 않은 날의 생활패턴은 어떠하였는가? 어떤 활동을 하였는가?

3. 다음 일주일 동안 2.의 활동을 더욱 늘리거나 개선시킬 수 있는 구체적인 방법은 무엇인가?

4. 지난 일주일간 내가 했던 활동 외에 단주에 도움이 될 만한 활동은 무엇인가? (자신은 물론 주위 사람에게도 유익하다면 더욱더 좋다)

5. 다음 일주일 이내에 4.의 활동을 실행할 수 있는 구체적인 방법은 무엇인가? 그 방법은 구체적으로 언제 실행할 수 있는가?

■ 작성 후 느낀 점

음주일기 & 활동기록표

*그 시간의 활동과 음주갈망도(0 : 전혀 마시고 싶지 않음 / 100 : 마시지 않으면 견딜 수 없음)를 기록

날짜							
6~7시							
7~8시							
8~9시							
9~10시							
10~11시							
11~12시							
12~13시							
13~14시							
14~15시							
15~16시							
16~17시							
17~18시							
18~19시							
19~20시							
20~21시							
21~22시							
22~23시							
23~24시							
24~0시							
0~1시							
1~2시							
2~3시							
3~4시							
4~5시							
5~6시							
음주량							

음주일기 & 활동기록표 검토하기

1. 음주한 날의 생활패턴은 어떠한가? 음주의 계기가 된 어떤 일(활동, 기분)이 있었는가?

   ---

2. 음주하지 않은 날의 생활패턴은 어떠하였는가? 어떤 활동을 하였는가?

   ---

3. 다음 일주일 동안 2.의 활동을 더욱 늘리거나 개선시킬 수 있는 구체적인 방법은 무엇인가?

   ---

4. 지난 일주일간 내가 했던 활동 외에 단주에 도움이 될 만한 활동은 무엇인가? (자신은 물론 주위 사람에게도 유익하다면 더욱더 좋다)

   ---

5. 다음 일주일 이내에 4.의 활동을 실행할 수 있는 구체적인 방법은 무엇인가? 그 방법은 구체적으로 언제 실행할 수 있는가?

■ 작성 후 느낀 점

음주일기 & 활동기록표

*그 시간의 활동과 음주갈망도(0 : 전혀 마시고 싶지 않음 / 100 : 마시지 않으면 견딜 수 없음)를 기록

날짜							
6~7시							
7~8시							
8~9시							
9~10시							
10~11시							
11~12시							
12~13시							
13~14시							
14~15시							
15~16시							
16~17시							
17~18시							
18~19시							
19~20시							
20~21시							
21~22시							
22~23시							
23~24시							
24~0시							
0~1시							
1~2시							
2~3시							
3~4시							
4~5시							
5~6시							
음주량							

음주일기 & 활동기록표 검토하기

1. 음주한 날의 생활패턴은 어떠한가? 음주의 계기가 된 어떤 일(활동, 기분)이 있었는가?

   _____
   _____

2. 음주하지 않은 날의 생활패턴은 어떠하였는가? 어떤 활동을 하였는가?

   _____
   _____

3. 다음 일주일 동안 2.의 활동을 더욱 늘리거나 개선시킬 수 있는 구체적인 방법은 무엇인가?

   _____
   _____

4. 지난 일주일간 내가 했던 활동 외에 단주에 도움이 될 만한 활동은 무엇인가? (자신은 물론 주위 사람에게도 유익하다면 더욱더 좋다)

   _____
   _____
   _____

5. 다음 일주일 이내에 4.의 활동을 실행할 수 있는 구체적인 방법은 무엇인가? 그 방법은 구체적으로 언제 실행할 수 있는가?

   _____
   _____
   _____

■ 작성 후 느낀 점

_____
_____

미션 7

술을 마시는 상황을 객관적으로 검토하라
(상황분석 & 발코니법)

작성목적

음주문제를 가지고 있는 사람이라면 아마도 취한 상태에서 누군가와의 말다툼을 경험한 적이 있을 것입니다. 이는 음주에 의해 우리의 감정을 컨트롤하는 전두엽의 기능이 저하되기 때문이며, 음주는 인간관계나 가정, 직장에 있어서도 광범위하게 다양한 문제를 일으킬 수 있습니다.

이러한 문제들에는 대체로 같은 상황과 결과들이 존재하기에, 사람들은 같은 문제를 가지고 오랫동안 고민하고 힘들어 합니다. 때로는 사소한 고민들이 쌓이고 쌓여서 우울증, 실직, 이혼과 같은 중대한 문제로 이어질 수도 있습니다. 이렇게 같은 문제가 반복되는 이유는, 그 상황을 제대로 분석하지 않아서 효과적인 재발방지 방법을 도출하지 못한 상태이기 때문입니다.

이 워크시트에서는 우리가 일상생활에서 직면할 수 있는 다양한 문제들에 대한 체계적이고 객관적인 검토를 통해, 문제상황에 부딪혔을 때 빠른 시일 내에 문제를 해결하고 더불어 재발을 방지하도록 할 수 있습니다.

상황분석 & 발코니법

작성예

- 문제상황

가족여행을 가서 술을 마시고 남편과 말다툼을 함.

- 문제상황에서 내가 느낀 생각과 그에 따른 감정

생각
남편은 나를 위해 주지 않는다. 왜 나한테 더 자상하게 하지 못하는 건가? 남편이 밉다. 여행지까지 와서 이렇게 말다툼을 해야 하는 건가?

⇒

감정
분노 짜증 슬픔 내가 싫음

※ **다음의 구문을 읽으면서 상상해주십시오.**

나는 지금 2층의 발코니에 서 있습니다. 발코니에서는 위에서 일어난 문제상황의 모든 광경이 한눈에 들어옵니다. 나는 그 자리에 있었던 당사자가 아닌 제3자로서 이 모든 상황을 객관적으로 보고 판단합니다.

- 발코니에서 바라본 문제상황

과음하지는 않았지만 내가 술을 마셨다. 술을 마신 나는 100% 이성적이라고 할 수 없다. 즐거워야 할 여행지에서 남편과 말다툼을 하였다. 말다툼의 이유는 정말 사소한 것이었다. 술을 마시지 않았다면 남편과 말다툼을 하지 않았을 것이다. 남편과 내가 말다툼을 하자 아이들은 놀란 듯하였다.

■ 문제상황이 일어난 이유에 대한 책임

책임의 소재(%)	그 이유
술(70%)	술을 마시지 않았다면 싸우지 않았을 것이다.
나 자신(25%)	술을 적게 마셨지만 여하튼 마신 건 나이다.
남편(5%)	따뜻하게 나를 받아주지 못했다.

■ 문제상황에 대한 지금의 생각과 감정

생각
남편은 하루 종일 운전을 하고 가족들을 위해 애써 주었다. 여행을 가서 가족들이 모두 기분 좋아야 하는데, 아이들 앞에서 부모가 싸우는 모습을 보이고야 말았다.

⇒

감정
후회
아쉬움
미안함

■ 문제상황으로부터 배운 점

소량이라도 술을 마시게 되면 원래의 감정 컨트롤이 힘들다.
적당히 마시면 괜찮다고 생각하고 있었는데, 그건 정답이 아니었다.
아이들에게 다시는 술을 마시고 싸우는 모습을 보여서는 안 된다.

■ 문제상황의 재발방지를 위한 문제해결법

가족들과 여행을 가서 술을 마시지 않는다.
단주한다.

■ 위의 문제해결법을 실행하는 데 도움이 될 수 있는 것

단주카페에 매일 들어가서 글 읽기.
단주할 수 있는 방법들 찾아보기.
단주책 읽기.
워크시트 매일 작성하기.

상황분석 & 발코니법

■ 문제상황

■ 문제상황에서 내가 느낀 생각과 그에 따른 감정

생각

$\Rightarrow$

감정

※ 다음의 구문을 읽으면서 상상해주십시오.

나는 지금 2층의 발코니에 서 있습니다. 발코니에서는 위에서 일어난 문제상황의 모든 광경이 한눈에 들어옵니다. 나는 그 자리에 있었던 당사자가 아닌 제3자로서 이 모든 상황을 객관적으로 보고 판단합니다.

■ 발코니에서 바라본 문제상황

■ 문제상황이 일어난 이유에 대한 책임

책임의 소재(%)	그 이유

■ 문제상황에 대한 지금의 생각과 감정

생각

$\Rightarrow$

감정

■ 문제상황으로부터 배운 점

■ 문제상황의 재발방지를 위한 문제해결법

■ 위의 문제해결법을 실행하는 데 도움이 될 수 있는 것

상황분석 & 발코니법

■ 문제상황

■ 문제상황에서 내가 느낀 생각과 그에 따른 감정

생각

⇒

감정

※ **다음의 구문을 읽으면서 상상해주십시오.**

나는 지금 2층의 발코니에 서 있습니다. 발코니에서는 위에서 일어난 문제상황의 모든 광경이 한눈에 들어옵니다. 나는 그 자리에 있었던 당사자가 아닌 제3자로서 이 모든 상황을 객관적으로 보고 판단합니다.

■ 발코니에서 바라본 문제상황

■ 문제상황이 일어난 이유에 대한 책임

책임의 소재(%)	그 이유

■ 문제상황에 대한 지금의 생각과 감정

생각

$\Rightarrow$

감정

■ 문제상황으로부터 배운 점

■ 문제상황의 재발방지를 위한 문제해결법

■ 위의 문제해결법을 실행하는 데 도움이 될 수 있는 것

상황분석 & 발코니법

■ 문제상황

■ 문제상황에서 내가 느낀 생각과 그에 따른 감정

생각

⇒

감정

※ 다음의 구문을 읽으면서 상상해주십시오.

나는 지금 2층의 발코니에 서 있습니다. 발코니에서는 위에서 일어난 문제상황의 모든 광경이 한눈에 들어옵니다. 나는 그 자리에 있었던 당사자가 아닌 제3자로서 이 모든 상황을 객관적으로 보고 판단합니다.

■ 발코니에서 바라본 문제상황

■ 문제상황이 일어난 이유에 대한 책임

책임의 소재(%)	그 이유

■ 문제상황에 대한 지금의 생각과 감정

생각

$\Rightarrow$

감정

■ 문제상황으로부터 배운 점

■ 문제상황의 재발방지를 위한 문제해결법

■ 위의 문제해결법을 실행하는 데 도움이 될 수 있는 것

상황분석 & 발코니법

■ 문제상황

■ 문제상황에서 내가 느낀 생각과 그에 따른 감정

생각

⇒

감정

※ **다음의 구문을 읽으면서 상상해주십시오.**

나는 지금 2층의 발코니에 서 있습니다. 발코니에서는 위에서 일어난 문제상황의 모든 광경이 한눈에 들어옵니다. 나는 그 자리에 있었던 당사자가 아닌 제3자로서 이 모든 상황을 객관적으로 보고 판단합니다.

■ 발코니에서 바라본 문제상황

■ 문제상황이 일어난 이유에 대한 책임

책임의 소재(%)	그 이유

■ 문제상황에 대한 지금의 생각과 감정

생각

$\Rightarrow$

감정

■ 문제상황으로부터 배운 점

■ 문제상황의 재발방지를 위한 문제해결법

■ 위의 문제해결법을 실행하는 데 도움이 될 수 있는 것

미션 8

단주를 위한 아이디어를 수집, 선별하라
(브레인 스토밍 & 문제해결법)

작성목적

아침에 늦잠을 자고 싶지만 일터에 나가기 위해 일찍 일어나야 합니다. 아침부터 달콤한 생크림 케잌과 시럽이 듬뿍 들어간 카페라테를 마시고 싶지만 건강을 위해서 참아야 합니다. 우리의 생활 속에는 이렇게 크고 작은 다양한 스트레스가 연속됩니다. 그런데 알코올 사용장애 당사자의 특성 중 하나로서 이러한 스트레스에 견디는 힘이 약하며 스트레스를 다루기 힘들어 하는 스트레스 취약성을 들 수 있습니다.

여기에서 활용할 수 있는 기법이 브레인 스토밍 & 문제해결법입니다. 음주의 큰 유발요인인 스트레스를 받게 하는 문제 속에 존재하는 원인을 분석하여, 만약 이 문제가 해결된다면 더 이상 술을 마실 필요가 없어집니다.

이 워크시트는 재음주를 방지하기 위해서도 유용합니다. 예를 들어 누군가 나에게 술을 권할 때 어떻게 할 것인지, 단주에 실패하여 음주를 하고 말았으며 똑같은 상황이 또 닥쳐왔을 때 어떻게 해야 음주를 회피할 수 있는지 대책을 세울 수 있습니다. 이 워크시트의 해결방법란을 작성할 때는 자신의 지금까지의 성공했던 경험이 가장 효과적일 수 있습니다. 해결방법이 도무지 떠오르지 않을 때는 단주카페의 글을 읽어보거나 인터넷상에서 정보검색과 수집을 하시기 바랍니다.

브레인 스토밍 & 문제해결법

> 작성예

■ 해결하고 싶은 문제

아이의 학습지 숙제를 봐주다가 폭발해서 그날 저녁에 술을 마시게 됨.

■ 결과 검토

문제에 대한 최악의 결과	문제에 대한 최선의 결과
아이의 공부를 봐줄 수 없게 되며 아이와의 관계가 나빠지고 나는 매일 술을 마신다.	폭발하지 않고 아이에게 공부를 잘 가르쳐주고 아이와 원만한 관계를 유지하게 된다.

■ 브레인 스토밍(해결방법과 그 손익)

공부 중에 휴식시간을 꼭 넣는다.	손 : 진도를 못 나가게 되면 공부시간이 연장될 것 같다.
	익 : 아이도 나도 휴식을 할 수 있다.
학습지를 그만둔다.	손 : 학습량이 부족해질 것 같다.
	익 : 아이와 부딪히는 일이 없어진다.

■ 구체적인 플랜

플랜A(가장 현실적이고 유익한 방법)

공부40분 + 휴식 20분으로 저녁 먹기 전까지만 공부한다.

플랜B(플랜A 실패 시 실행할 방법)

다음달부터 학습지를 그만둔다.

■ 피드백

플랜A의 실행결과와 느낀 점

시간을 지키는 게 어렵다. 학교 수업에 비교해서 학습지 레벨이 너무 높기 때문에 진도가 안 나갈 수밖에 없다. 학교 숙제와 학습지까지 아이에게 벅차다.

플랜B의 실행결과와 느낀 점

학습지를 그만두고 약간 불안함도 있었지만 학교 숙제를 마치고 예전과는 다르게 밖에 나가서 조금 놀릴 수도 있게 되었다. 나도 밖에서 커피를 한 잔 마시게 되었고 아이와 나에게 여유가 생겼다. 아이랑 부딪힘으로 인해서 아이에게 상처를 줘왔다는 것, 그리고 내 욕심이 컸다는 것도 깨달았다. 학습지를 그만두고 나서 아이와 부딪히거나 크게 혼내는 일이 없어졌다. 물론 나도 폭발하는 일이 없어졌고 음주 횟수가 줄었다.

브레인 스토밍 & 문제해결법

■ 해결하고 싶은 문제

■ 결과 검토

문제에 대한 최악의 결과	문제에 대한 최선의 결과

■ 브레인 스토밍(해결방법과 그 손익)

	손 :
	익 :
	손 :
	익 :

■ 구체적인 플랜

플랜A(가장 현실적이고 유익한 방법)

플랜B(플랜A 실패 시 실행할 방법)

■ 피드백

플랜A의 실행결과와 느낀 점

플랜B의 실행결과와 느낀 점

브레인 스토밍 & 문제해결법

■ 해결하고 싶은 문제

■ 결과 검토

문제에 대한 최악의 결과	문제에 대한 최선의 결과

■ 브레인 스토밍(해결방법과 그 손익)

	손 :
	익 :
	손 :
	익 :

■ 구체적인 플랜

플랜A(가장 현실적이고 유익한 방법)
플랜B(플랜A 실패 시 실행할 방법)

■ 피드백

플랜A의 실행결과와 느낀 점
플랜B의 실행결과와 느낀 점

브레인 스토밍 & 문제해결법

■ 해결하고 싶은 문제

■ 결과 검토

문제에 대한 최악의 결과	문제에 대한 최선의 결과

■ 브레인 스토밍(해결방법과 그 손익)

	손 :
	익 :
	손 :
	익 :

■ 구체적인 플랜

플랜A(가장 현실적이고 유익한 방법)
플랜B(플랜A 실패 시 실행할 방법)

■ 피드백

플랜A의 실행결과와 느낀 점
플랜B의 실행결과와 느낀 점

브레인 스토밍 & 문제해결법

■ 해결하고 싶은 문제

■ 결과 검토

문제에 대한 최악의 결과	문제에 대한 최선의 결과

■ 브레인 스토밍(해결방법과 그 손익)

	손 :
	익 :
	손 :
	익 :

■ 구체적인 플랜

플랜A(가장 현실적이고 유익한 방법)

플랜B(플랜A 실패 시 실행할 방법)

■ 피드백

플랜A의 실행결과와 느낀 점

플랜B의 실행결과와 느낀 점

미션 9

단주를 실행에 옮기라
(단주기록표)

작성목적

단주를 기록한다는 것은 하루 하루 단주에 성공한 자신을 칭찬하고 격려하며, 자신에게 다가온 유혹을 되돌아보며 내일에 대한 각오를 다질 수 있게 합니다.

이 워크시트에서는 단주를 기록하면서, 단주에 성공한 자신을 위한 선물을 준비합니다. 어른이 되고 난 후 누군가로부터 칭찬을 받는다는 것은 드문 일입니다. 선물은 자신을 칭찬하며 자신의 수고에 대한 보상을 지불한다는 의미와 단주 계속에 대한 동기부여도 될 수 있습니다. 또한, 음주충동이 올 때와 단주에 실패했을 때 자신에게 들려줄 말을, 단주 시작에 앞서 미리 적어 놓습니다. 이 두 가지 말은 단주기록표를 작성하면서 매일 한 번씩 읽도록 합니다. 이 두 가지 기록 또한 단주 계속의 동기부여가 될 것입니다.

단주기록표를 작성하면서 동시에 인터넷 단주카페에 매일 단주 출석체크를 권해드립니다. 하루하루의 단주에 대해 단주카페의 회원들로부터 칭찬과 격려를 얻을 수 있으며, 이는 단주유지에 있어 매우 큰 동기부여와 힘이 될 수 있습니다. 단주에 실패한 경우에 일어나기 쉬운 자기합리화에 대해서도, 단주카페에서 받을 수 있는 객관적인 피드백(댓글)은 자신에 대한 경각심을 불러일으킴과 동시에 다시 단주를 시작해야 한다는 원동력이 될 수도 있을 것입니다.

단주기록표

작성예

(단주 : O / 음주 : X)

4/5 ○	4/6 ○	4/7 ○				

■ 자신에게 줄 선물

단주 1달	단주 2달	단주 3달
헬스장 등록	머리하기	옷 사기

■ 음주충동이 올 때 자신에게 들려줄 말

> 나는 나 자신을 컨트롤할 수 있어.
> 더 이상 나는 갈망 따위에 지지 않을 거야.
> 그 한 잔을 마시면 단주에 실패하는 거야.
> 더 이상 가족들을 힘들게 할 수는 없어.
> 술을 마시면 단주카페에서 나를 응원해주는 사람들에게 면목이 없어.

■ 단주에 실패했을 때 자신에게 들려줄 말

> 실패하더라도 포기하지 말자. 포기하지 않는 사람만 단주에 성공할 수 있어.
> 축 쳐져 있지 마. 왜 마시게 되었는지, 어떻게 하면 다시는 안 마실 수 있을지 생각해.
> 나도 할 수 있어.
> 다시 시작해.
> 나는 이대로 내 인생을 포기하지 않을 거야.
> 나도 행복해지고 싶어.
> 내 가족을 위해서 나는 단주에 성공해야 해.

단주기록표

(단주 : O / 음주 : X)

■ 자신에게 줄 선물

단주 1달	단주 2달	단주 3달

■ 음주충동이 올 때 자신에게 들려줄 말

■ 단주에 실패했을 때 자신에게 들려줄 말

단주기록표

(단주 : O / 음주 : X)

■ 자신에게 줄 선물

단주 1달	단주 2달	단주 3달

■ 음주충동이 올 때 자신에게 들려줄 말

■ 단주에 실패했을 때 자신에게 들려줄 말

단주기록표

(단주 : O / 음주 : X)

■ 자신에게 줄 선물

단주 1달	단주 2달	단주 3달

■ 음주충동이 올 때 자신에게 들려줄 말

■ 단주에 실패했을 때 자신에게 들려줄 말

미션 10

일상생활을 개선하라
(스케줄법)

작성목적

알코올 사용장애가 되면 일상생활의 중심이 술이 됩니다. 따라서 일상생활의 스케줄을 철저하게 관리하는 것은 특히 단주 초기에 있어서 단주 성공의 열쇠를 쥐고 있다고 해도 과언이 아닙니다. 이 워크시트에서는 우선 자신에게 목표가 되는 스케줄을 작성해보고, 매일 실제의 일상생활과 비교하면서 좋았던 점과 개선할 점을 검토합니다.

찾기 어렵더라도 그날의 좋았던 점, 자신이 잘한 점을 꼭 발견해서 적어 넣도록 합니다. 자신을 칭찬함으로써 단주에 도움이 될 수 있는 자아존중감을 상승시킬 수 있습니다. 생각해낸 개선할 점을 다음날의 일상생활 속에서 실현할 수 있는 방법은 무엇인지에 대해서도 구체적으로 적어 넣어, 매일 매일의 일상생활이 개선될 수 있도록 궁리합니다.

스케줄법

작성예

목표	날짜→	10/1	10/2	10/3
기상, 운동	6시	취침	취침	기상, 운동
아침, 출근준비	7시	기상, 출근준비	기상, 출근준비	아침, 출근준비
출근	8시	출근	출근	출근
일	9시	일	일	일
	10시			
	11시			
점심	12시	점심	점심	점심
	13시			
	14시			
	15시			
	16시			
	17시			
퇴근, 운동	18시	퇴근	퇴근	퇴근
저녁	19시	저녁	저녁	저녁
단주카페, 워킹시트	20시	워킹시트	워킹시트	워킹시트
TV, 독서	21시	단주카페, 인터넷	단주카페, 인터넷	단주카페, 독서
취침	22시			취침
	23시		취침	
	24시	취침		
	1시			
	2시			
	3시			
	4시			
	5시			
좋았던 점		술 생각이 안 나도록 저녁을 먹음. 워킹시트 작성. 단주카페 활동.	저녁을 먹어서 술 생각이 안 남. 어제보다 일찍 잠. 워킹시트 작성. 단주카페 활동.	세 끼를 챙겨 먹음. 운동을 함. 워킹시트 작성. 단주카페 활동. 독서를 함. 일찍 잠.
개선할 점 * 개선할 수 있는 방법		아침을 거름. 저녁시간이 무료함. 늦게 잠. * 아침 먹기 * 일찍 자기	늦게 일어나서 아침을 거름. 운동을 하고 싶음. * 일찍 자기 * 아침에 운동하기	저녁시간이 무료함. * 저녁 먹고 나서 요가하기

스케줄법

목표	날짜 →			
	6시			
	7시			
	8시			
	9시			
	10시			
	11시			
	12시			
	13시			
	14시			
	15시			
	16시			
	17시			
	18시			
	19시			
	20시			
	21시			
	22시			
	23시			
	24시			
	1시			
	2시			
	3시			
	4시			
	5시			
좋았던 점				
개선할 점 * 개선할 수 있는 방법				

스케줄법

목표	날짜 →			
	6시			
	7시			
	8시			
	9시			
	10시			
	11시			
	12시			
	13시			
	14시			
	15시			
	16시			
	17시			
	18시			
	19시			
	20시			
	21시			
	22시			
	23시			
	24시			
	1시			
	2시			
	3시			
	4시			
	5시			
좋았던 점				
개선할 점 * 개선할 수 있는 방법				

스케줄법

목표	날짜 →			
	6시			
	7시			
	8시			
	9시			
	10시			
	11시			
	12시			
	13시			
	14시			
	15시			
	16시			
	17시			
	18시			
	19시			
	20시			
	21시			
	22시			
	23시			
	24시			
	1시			
	2시			
	3시			
	4시			
	5시			
좋았던 점				
개선할 점 * 개선할 수 있는 방법				

스케줄법

목표	날짜 →			
	6시			
	7시			
	8시			
	9시			
	10시			
	11시			
	12시			
	13시			
	14시			
	15시			
	16시			
	17시			
	18시			
	19시			
	20시			
	21시			
	22시			
	23시			
	24시			
	1시			
	2시			
	3시			
	4시			
	5시			
좋았던 점				
개선할 점 *개선할 수 있는 방법				

스케줄법

목표	날짜 →			
	6시			
	7시			
	8시			
	9시			
	10시			
	11시			
	12시			
	13시			
	14시			
	15시			
	16시			
	17시			
	18시			
	19시			
	20시			
	21시			
	22시			
	23시			
	24시			
	1시			
	2시			
	3시			
	4시			
	5시			
좋았던 점				
개선할 점 * 개선할 수 있는 방법				

미션 11

불면증을 극복하라
(불면증 인지행동치료)

작성목적

성인의 하루 적정 수면시간은 6~8시간이라고 알려져 있습니다. 그러나 단주를 하게 되면 불면으로 힘들어질 수 있습니다. 술은 주로 저녁이나 밤에 마시는 일이 많기 때문에, 잠이 오지 않게 되면 그만큼 오랜 동안의 저녁이나 밤 시간을 술 없이 견디어야 합니다. 또한 불면은 금단증상으로서 나타날 수도 있기 때문에, 불면증이 있을 경우 단주 실행에 큰 걸림돌이 될 수 있습니다.

불면증의 인지행동치료는 단주의 인지행동치료와 별개로 광범위한 영역이지만, 실제로 인터넷 단주카페에서는 단주를 실행하시면서 불면의 고통을 호소하시는 분들이 많으시기 때문에 불면증에 대해서도 본서에서 다루기로 하였습니다. 인지행동치료는 약물요법(수면제)과 같은 즉효성은 없지만, 각각의 치료법을 시행하고 나서 2년 후의 경과관찰에서는 수면제보다도 인지행동치료가 더 효과가 있었다고 알려져 있습니다.

이 워크시트에서는 불면증 인지행동치료의 4가지 축이라고 할 수 있는 수면위생법과 이완요법, 수면스케줄법, 수면인지수정을 실천해보면서, 단주의 큰 적인 불면증을 완화시킬 수 있도록 해봅니다[28, 29, 30].

불면증 인지행동치료에서 가장 중요한 부분이 **3. 수면스케줄법**입니다. 이를 실시하면서 첫 1주일은 특히 몸이 피곤하고 힘들 수도 있습니다. 그러나 그 힘든 고비를 이겨내셔서 불면증을 극복하시기 바랍니다.

불면증 인지행동치료			
1. 수면위생법	2. 이완요법	**3. 수면스케줄법**	4. 수면인지수정

불면증 인지행동치료

1. 수면위생법

① 아침에 일어나면 해님 쪽으로 얼굴을 향하며 아침 햇볕 쐬기(멜라토닌 조절에 유효).
② 1회 20~30분, 주 3회 정도의 가벼운 운동하기(잠자기 3~4시간 이내에 과도한 운동은 피하기).
③ 낮잠은 가급적 안 자도록 하고, 자더라도 15분 이내로 제한하기.
④ 잠자기 4~6시간 전에는 카페인(커피, 콜라, 녹차, 홍차 등)이 들어있는 음식을 먹지 않으며, 하루 중에도 카페인의 섭취를 최소화하기.
⑤ 담배 끊기(특히 잠잘 즈음과 자다가 깨었을 때 피우지 않기).
⑥ 잠자기 전 과도한 식사나 수분 섭취를 제한하기.
⑦ 잠자리의 소음을 없애고, 온도와 조명을 안락하게 조절하기.
⑧ 긴장을 풀 수 있는 요가나 명상 배워보기.

→ 워크시트 '액션플랜'으로

2. 이완요법

2-1. 호흡법

방법 ① 3초간 들이쉬고 3초간 내쉬기.
방법 ② 3초간 들이쉬고 4초간 숨을 참은 뒤 5초간 내쉬기.
방법 ③ 4초간 들이쉬고 4초간 내쉬기.
방법 ④ 4초간 들이쉬고 4초간 숨을 참은 뒤 5초간 내쉬기.
방법 ⑤ 5초간 들이쉬고 5초간 내쉬기.
* 자신에게 가장 편한 호흡시간을 찾아냅니다. 호흡법 실시에 있어 중요한 것은 자신의 호흡에 주의를 집중시키는 것입니다. 아침, 점심, 저녁으로 3번 실시합니다.

※ Youtube 동영상 '마음 안정화를 위한 복식호흡훈련'(보건복지부 국립정신건강센터) 참고

→ 워크시트 '액션플랜'으로

2-2. 점진적 근육이완법

■ 제1단계
눈을 감고 다음의 각 신체 부위의 근육에 4~5초간 힘을 주어 긴장시킨 후 단숨에 힘을 풀기. 이때 근육에 힘이 들어가 있는 상태와 힘이 빠진 상태를 실감할 수 있도록 집중하기.
- 손 : 주먹을 꽉 쥐기 → 힘 풀기
- 팔 : 팔을 몸에 바짝 붙여서 힘 주기 → 힘 풀기

- 어깨 : 어깨에 힘을 주며 귀 쪽으로 최대한 가까이하면서 힘 주기 → 힘 풀기
- 배 : 배가 쏙 들어가도록 배에 힘 주기 → 힘 풀기
- 다리 : 허벅지에 힘 주기 → 힘 풀기
- 발 : 발꿈치를 몸 쪽으로 당기면서 힘 주기 → 힘 풀기

■ 제2단계
몸의 각 부위에 힘이 완전히 빠져 있는 이완상태가 되었음을 의식하기.

■ 제3단계
기분이 좋아지는 편안한 장면을 떠올리며 몇 분간 이미지화하기.
*잠들기 전에 실시합니다.

※ Youtube 동영상 '마음 안정화를 위한 근육이완운동'(보건복지부 국립정신건강센터) 참고

→ 워크시트 '액션플랜'으로

3. 수면스케줄법

① 기상시각(매일 몇 시에 일어날 것인지)을 정한다.
② 기상시각에서 수면시간을 뺀 시각을 취침시각(잠자리에 눕는 시각)으로 정한다(예를 들어 기상시각이 6시이고 수면시간이 7시간이면 취침시각은 11시, 기상시각이 5시이고 수면시간이 7시간이면 취침시각은 10시).
③ 졸려지거나 미리 설정한 취침시각이 되었을 때에만 침실로 들어가 잠자리에 눕는다.
④ 15분쯤 지나도 잠이 들지 않으면 침실에서 나와 거실에 앉아 있다가, 졸려지면 다시 침실로 돌아가 잠자리에 눕는다. 계속 잠이 오지 않더라도 잠자리에 눕지 말고 ④를 반복한다.
* 제대로 잠들지 못한 날은 낮에 졸리더라도 낮잠/누워있기/활동 제한하기/일찍 잠자리에 들기를 피하고 평소와 다르지 않은 생활을 한다.

→ 워크시트 '액션플랜'으로

4. 수면인지수정

■ 불면증을 유지시키는 생각들
'오늘은 제대로 잠들 수 있을까?'
'8시간은 꼭 자야 한다.'
'수면제가 없으면 나는 잠을 잘 수가 없다.'
'잠을 못 자면 일상생활에 지장이 생긴다.'
'잠을 못 자면 큰 병이 생길 것이다.'
'잠을 잘 못 잤기 때문에, 낮에는 활동을 줄이고 에너지 소모를 아껴야 한다.'

■ 나에게 불면증을 유지시키는 생각들 적어보기

→ 워크시트 '사고분석표'로

이완요법 실시 횟수 기록표

* 이완요법은 기록표를 작성하면서 매일 실시하도록 합니다.

날짜							
실시 횟수							

날짜							
실시 횟수							

날짜							
실시 횟수							

날짜							
실시 횟수							

날짜							
실시 횟수							

날짜							
실시 횟수							

날짜							
실시 횟수							

날짜							
실시 횟수							

이완요법 실시 횟수 기록표

* 이완요법은 기록표를 작성하면서 매일 실시하도록 합니다.

날짜							
실시 횟수							

날짜							
실시 횟수							

날짜							
실시 횟수							

날짜							
실시 횟수							

날짜							
실시 횟수							

날짜							
실시 횟수							

날짜							
실시 횟수							

날짜							
실시 횟수							

이완요법 실시 횟수 기록표

* 이완요법은 기록표를 작성하면서 매일 실시하도록 합니다.

날짜							
실시 횟수							

날짜							
실시 횟수							

날짜							
실시 횟수							

날짜							
실시 횟수							

날짜							
실시 횟수							

날짜							
실시 횟수							

날짜							
실시 횟수							

날짜							
실시 횟수							

이완요법 실시 횟수 기록표

* 이완요법은 기록표를 작성하면서 매일 실시하도록 합니다.

날짜							
실시 횟수							

날짜							
실시 횟수							

날짜							
실시 횟수							

날짜							
실시 횟수							

날짜							
실시 횟수							

날짜							
실시 횟수							

날짜							
실시 횟수							

날짜							
실시 횟수							

미션12

일상생활의 긍정적인 요소를 늘리라
(행동활성화 ① 즐거움과 달성감)

작성목적

　음주가 생활의 중심이 되어 있는 경우, 일상생활에서 즐거움을 느끼는 상황은 아마도 오직 음주하는 상황뿐일 것입니다. 단주에 성공하기 위해서는 즐거움을 느끼는 상황을 음주가 아닌 다른 상황으로 전환시키고 그것을 강화시켜야 합니다. 한편, 일상생활 속에서 복잡한 문제를 가지고 있는 알코올 사용장애 당사자는 자존감정이 낮아지기 쉽습니다. 이러한 낮은 자존감정은 단주의 의지와 사기를 더욱더 떨어트리는 악순환이 계속됩니다. 달성감은 자존감정을 회복시키는 방책이 될 수 있습니다.

　즐거움과 달성감을 느끼는 상황은 거창한 이벤트가 아니라 사소한 일상생활 속에서 발견할 수 있습니다. 일상생활 속에서 즐거움과 달성감의 긍정적인 요소의 비율을 늘림으로써 음주의 큰 요인이 되는 스트레스를 줄일 수 있으며, 음주의 유발요인인 무료함에 대처할 수 있고, 활동으로 인한 적당한 신체적 피로로 알코올 사용장애에서 빈번할 수 있는 불면에도 효과가 있을 수 있습니다.

행동활성화 ① 즐거움과 달성감

작성예

1. 즐거움을 느낄 수 있는 활동 계획하기

■ 예전에 실제로 해본 적이 있거나 또는 해보고 싶은 즐거움을 느낄 수 있는 활동 :
야채랑 꽃 키우기, 주말에 가족과 외출하기, 쇼핑하기, 여행가기, 외식하기, 외출하기

○ 일주일 안에 할 수 있는 활동 : 꽃 심기
- 활동개시일 : 이번 주 일요일
- 예상되는 장애 : 꽃을 사러 나가는 게 귀찮고, 마음에 드는 꽃도 없을 것 같다.
- 장애에 대한 대책 : 마음에 드는 꽃이 없으면 안 사도 되니까 일단 외출한다.
- 달성 후 느낀 점 : 오랜만에 꽃들을 둘러보러 갔는데 마음에 드는 꽃을 살 수 있었고, 곁에 두고 항상 보니 역시 기분이 좋아진다.

○ 한 달 안에 할 수 있는 활동 : 부모님 찾아뵙기
- 활동개시일 : 다음 주 주말
- 예상되는 장애 : 가기 싫어질지도 모른다.
- 장애에 대한 대책 : 금요일에 일이 끝나면 바로 부모님 집으로 간다.
- 달성 후 느낀 점 : 오랜만에 부모님을 뵐 수 있어서 좋았고, 항상 토요일에는 술을 마셨는데 부모님과 함께 시간을 보내느라 술도 마시지 않았다.

2. 달성감을 느낄 수 있는 활동 계획하기

■ 예전에 실제로 해본 적이 있거나 또는 해보고 싶은 달성감을 느낄 수 있는 활동 :
런닝, 쓰레기 줍기, 청소하기, 외국어 공부, 낚시

○ 일주일 안에 할 수 있는 활동 : 런닝
- 활동개시일 : 내일
- 예상되는 장애 : 비가 올지도 모른다.
- 장애에 대한 대책 : 비가 오든 눈이 오든 무조건 뛰기로 한다.
- 달성 후 느낀 점 : 예상대로 비가 내렸지만 런닝을 하였다. 런닝을 하니 스트레스도 풀리고 내 자신에게 이겼다는 성취감도 들었다.

○ 한 달 안에 할 수 있는 활동 : 영어회화 학원 신청하기
- 활동개시일 : 이번 주 내
- 예상되는 장애 : 잊어버릴 수도 있다.
- 장애에 대한 대책 : 캘린더의 예정으로 등록해둔다.
- 달성 후 느낀 점 : 집에서 뒹굴거리던 시간을 유용하게 보낼 수 있게 되었다.

■ 즐거움이나 달성감을 느낄 수 있는 활동의 예

산책, 운동, 여행, 쇼핑
커피숍 가기, 외식하기
하늘 바라보기, 바람 쐬기
등산, 낚시, 자전거 타기
유튜브, 영화, 드라마, 독서
가계부 쓰기, 청소, 요리, 장보기
친구에게 연락하기, 친구 만나기
가족에게 연락하기, 가족 만나러 가기
지인에게 안부 묻기
자원봉사, 기부활동, 재능기부, 쓰레기 줍기
단주카페 글읽기, 글쓰기, 댓글 달기, 출석 체크하기
단주책 읽기, 자격증 공부, 건강식 공부하기
워크시트 작성하기

■ 나만의 활동 리스트

행동활성화 ① 즐거움과 달성감

1. 즐거움을 느낄 수 있는 활동 계획하기

■ 예전에 실제로 해본 적이 있거나 또는 해보고 싶은 즐거움을 느낄 수 있는 활동 :

○ 일주일 안에 할 수 있는 활동 :

- 활동개시일 :
- 예상되는 장애 :
- 장애에 대한 대책 :
- 달성 후 느낀 점 :

○ 한 달 안에 할 수 있는 활동 :

- 활동개시일 :
- 예상되는 장애 :
- 장애에 대한 대책 :
- 달성 후 느낀 점 :

2. 달성감을 느낄 수 있는 활동 계획하기

■ 예전에 실제로 해본 적이 있거나 또는 해보고 싶은 달성감을 느낄 수 있는 활동 :

○ 일주일 안에 할 수 있는 활동 :

- 활동개시일 :
- 예상되는 장애 :
- 장애에 대한 대책 :
- 달성 후 느낀 점 :

○ 한 달 안에 할 수 있는 활동 :

- 활동개시일 :
- 예상되는 장애 :
- 장애에 대한 대책 :
- 달성 후 느낀 점 :

행동활성화 ① 즐거움과 달성감

1. 즐거움을 느낄 수 있는 활동 계획하기

■ 예전에 실제로 해본 적이 있거나 또는 해보고 싶은 즐거움을 느낄 수 있는 활동 :

○ 일주일 안에 할 수 있는 활동 :

• 활동개시일 :

• 예상되는 장애 :

• 장애에 대한 대책 :

• 달성 후 느낀 점 :

○ 한 달 안에 할 수 있는 활동 :

• 활동개시일 :

• 예상되는 장애 :

• 장애에 대한 대책 :

• 달성 후 느낀 점 :

2. 달성감을 느낄 수 있는 활동 계획하기

■ 예전에 실제로 해본 적이 있거나 또는 해보고 싶은 달성감을 느낄 수 있는 활동 :

○ 일주일 안에 할 수 있는 활동 :

• 활동개시일 :

• 예상되는 장애 :

• 장애에 대한 대책 :

• 달성 후 느낀 점 :

○ 한 달 안에 할 수 있는 활동 :

• 활동개시일 :

• 예상되는 장애 :

• 장애에 대한 대책 :

• 달성 후 느낀 점 :

행동활성화 ① 즐거움과 달성감

1. 즐거움을 느낄 수 있는 활동 계획하기

■ 예전에 실제로 해본 적이 있거나 또는 해보고 싶은 즐거움을 느낄 수 있는 활동 :

○ 일주일 안에 할 수 있는 활동 :

- 활동개시일 :
- 예상되는 장애 :
- 장애에 대한 대책 :
- 달성 후 느낀 점 :

○ 한 달 안에 할 수 있는 활동 :

- 활동개시일 :
- 예상되는 장애 :
- 장애에 대한 대책 :
- 달성 후 느낀 점 :

2. 달성감을 느낄 수 있는 활동 계획하기

■ 예전에 실제로 해본 적이 있거나 또는 해보고 싶은 달성감을 느낄 수 있는 활동 :

○ 일주일 안에 할 수 있는 활동 :

- 활동개시일 :
- 예상되는 장애 :
- 장애에 대한 대책 :
- 달성 후 느낀 점 :

○ 한 달 안에 할 수 있는 활동 :

- 활동개시일 :
- 예상되는 장애 :
- 장애에 대한 대책 :
- 달성 후 느낀 점 :

행동활성화 ① 즐거움과 달성감

1. 즐거움을 느낄 수 있는 활동 계획하기

■ 예전에 실제로 해본 적이 있거나 또는 해보고 싶은 즐거움을 느낄 수 있는 활동 :

○ 일주일 안에 할 수 있는 활동 :

• 활동개시일 :

• 예상되는 장애 :

• 장애에 대한 대책 :

• 달성 후 느낀 점 :

○ 한 달 안에 할 수 있는 활동 :

• 활동개시일 :

• 예상되는 장애 :

• 장애에 대한 대책 :

• 달성 후 느낀 점 :

2. 달성감을 느낄 수 있는 활동 계획하기

■ 예전에 실제로 해본 적이 있거나 또는 해보고 싶은 달성감을 느낄 수 있는 활동 :

○ 일주일 안에 할 수 있는 활동 :

• 활동개시일 :

• 예상되는 장애 :

• 장애에 대한 대책 :

• 달성 후 느낀 점 :

○ 한 달 안에 할 수 있는 활동 :

• 활동개시일 :

• 예상되는 장애 :

• 장애에 대한 대책 :

• 달성 후 느낀 점 :

미션 12

일상생활의 긍정적인 요소를 늘리라
(행동활성화 ② 오감의 즐거움)

작성목적

　습관적인 음주를 하는 사람은 스트레스에 취약해집니다. 스트레스에 약해지면 일상생활에서는 짜증과 불만족의 부정적인 요소들이 가득해지고, 자신에게 주어져 있는 긍정적인 자원들을 인식하기 어려워집니다.

　이 워크시트 작성을 통해 일상적으로 긍정적인 요소들을 의식함으로써 자기 자신과 자신이 처한 환경, 자신을 둘러싼 세계에 대해서도 긍정적인 시각을 가질 수 있으며, 나아가서는 단주과정에서 나타날 수 있는 우울감의 경감에도 도움이 될 수 있습니다.

행동활성화 ② 오감의 즐거움

작성예

```
10월 19일
■ 시각 : 길을 걷다 발에 밟히는 낙엽의 색깔이 예뻤다.
■ 후각 : 아침에 출근하다가 지나친 커피숍의 커피냄새가 맛있게 났다.
■ 청각 : 휭휭 소리를 내며 바람이 세게 불었는데 왠지 마음속이 시원해졌다.
■ 미각 : 점심 때 김밥이랑 먹은 깍두기가 짜지도 않고 맛있었다.
■ 촉각 : 아이의 손을 잡으니 부드럽고 작은 손이 너무도 사랑스러웠다.
```

행동활성화 ② 오감의 즐거움

■ 내가 오늘 발견한 오감의 즐거움은?

■ 작성 후 느낀 점

행동활성화 ② 오감의 즐거움

■ 내가 오늘 발견한 오감의 즐거움은?

■ 작성 후 느낀 점

행동활성화 ② 오감의 즐거움

■ 내가 오늘 발견한 오감의 즐거움은?

■ 작성 후 느낀 점

목표 3

갈망 정복하기

미션 13

음주갈망에 즉각적으로 대처하라
(감정과 이성의 롤 플레이)

작성목적

음주는 행동입니다. 음주라는 행동을 취하기 전에 대부분의 사람들은 음주를 합리화하는 생각을 먼저 떠올립니다. 특히 음주에 의해 일상생활상의 문제가 발생하고 있음에도 불구하고 머릿속에서는 음주를 합리화하는 생각들이 떠오르고, 단주를 결심하기 어렵게 만듭니다. 뿐만 아니라 단주를 실행하고 있을 때에도 음주의 유혹은 바로 음주를 합리화하는 생각의 형태로 먼저 우리의 마음을 뒤흔든 다음에 결국 술을 마시게 만듭니다.

이 워크시트는 언제든 음주충동이 일어났을 때 종이와 연필 없이 머릿속으로 음주충동에 대처할 수 있는 작업입니다. 여기에서는 자신에게 있어 자주 떠오르는, 또는 떠오를 것이라 예상되는 음주충동과 그에 대항하는 이성적인 생각을 롤 플레이라는 연극형태로 연습해봅니다. 미리 대비함으로써 실제로 음주충동이 생겼을 때 갈등하지 않고 더 수월하게 극복할 수 있습니다. 그리고 워크시트를 작성했다면 핸드폰으로 사진을 찍어서 언제든 볼 수 있게 하거나, 또는 메모지에 적어서 자신만이 볼 수 있는 곳에 붙여두고 수시로 보도록 합니다.

감정과 이성의 롤 플레이

작성예

- ■ 감정(음주충동) : 나보다 더 술을 마시면서도 단주를 생각조차 하지 않는 사람들이 있어. 왜 내가 단주를 해야 하는 거야?

- ■ 이성(단주의지) : 평소에 술을 많이 마시는 사람들은 알코올중독이든 간경화이든 결국은 몸에 안 좋은 결과가 나올 수도 있어. 나는 저 사람들과 달라. 옆에서 누가 똥물을 마시면 나도 똥물을 마실 거야? 술은 나한테 똥물이고 독약이야. 어리석게도 겉으로 보기 좋아 보이는 사람과 나를 비교하면서 부러워하고 결국 내 신세를 망쳐서는 안 돼.

- ■ 감정(음주충동) : 술집 앞을 지나가다 보면 즐겁게 술을 마시는 사람들이 널렸어. 드라마나 영화에서도 술 마시는 장면, 술 마셨다는 이야기… 나만 왜 힘들게 단주해야 해?

- ■ 이성(단주의지) : 즐겁게 마시는 것처럼 보이지만 저 사람들이 사실은 어떤 상태인지, 그리고 미래에 어떻게 될 것인지 알 수는 없는 거야. 병원에 가면 술로 인해 몸과 마음을 망친 사람들이 널렸어. 대한민국에서 술 때문에 한 해에 5천 명 정도가 죽잖아? 저 사람들은 지금 즐겁게 술을 마시지. 새벽까지 술을 마신 저 사람들은 내일 아침 아마도 일어나지도 못할 것이고 해가 중천에 떠서 일어났을 때는 술 냄새와 최악의 컨디션일 거야. 단주를 하는 나에게는 향기 좋은 커피와 독서로 상쾌하고 기분 좋은 아침이 될 것이고 말이지. 어린아이처럼 길을 걷다가 누가 맛있는 것을 먹는다고 해서 그걸 보면서 침 흘리며 '나도 먹고 싶은데 나는 왜 못 먹는 거야!'라고 생각한다는 게 좀 유치하지 않아?

- ■ 감정(음주충동) : 술을 마시면 스트레스 해소가 돼. 지금까지 그렇게 해왔고 말이야. 술을 안 마시면 도저히 해나가지 못하겠어.

- ■ 이성(단주의지) : 그래. 술을 마시면 잊을 수 있어. 근데 그건 술 마시고 제정신이 아니니까 잊을 수 있었던 거겠지. 술을 깬다고 해서 나를 스트레스 받게 했던 그 문제들이 해결되었던 적이 단 한 번이라도 있었어? 오히려 술 마시고 괜히 사람들한테 말실수하고 지키지도 못할 약속이나 하고, 술 깬 다음날 후회하고 자괴감 든 적이 한두 번이었냐구?
내가 술로 스트레스를 푼다면, 앞으로 내 아이들도 그렇게 돼. 나는 아이들에게 건전한 스트레스 해소방법을 가르쳐주고 싶어. 적어도 술이 적절한 스트레스 해소방법이 아니라는 것만은 너무나 확실해. 운동이든 뭐든 술 말고 다른 방법으로 스트레스 풀 수 있도록 찾아보자. 스트레스 푼다고 술 마시면 스트레스는커녕 내 목숨의 동아줄이 풀리고 말 거야.

- ■ 감정(음주충동) : 술을 마시면 기분이 좋아.

- ■ 이성(단주의지) : 그래, 술 마시면 기분 좋지. 왠지 용기가 생기고 유머감각도 생기고 평소에 소극적이지만 완전 대범해져. 그런데 어느 쪽이 진짜 나야? 어쩌면 사람들은 나를 두고 '술 마시면 다른 사람 된다'라고 생각하고 있을지도 몰라. 지금은 큰 문제가 없다고 해도, 이렇게 계속해서 술 마시다가 기분 업돼서 언젠가 사고 칠지도 몰라. 실제로 그런 사람들이 주변에도 많아… 적어도 난 그렇게 되고 싶지는 않아.

- ■ 감정(음주충동) : 오늘 저녁으로 가족들이 회를 먹는다네… 회는 제일 맛있는 안주인데… 그냥 오늘 딱 하루만 마시면 안 될까?

- ■ 이성(단주의지) : 단주카페에서 읽은 적 있잖아? 딱 한 잔으로는 절대 끝날 리가 없는 것이 술이고 단 하루만 마신다는 게 이번 주만, 이번 달만, 그러다 결국 평생 되는 거야. 십 년 이상 단주한 사람도 술 한 잔으로 단주에 실패하고 순식간에 알코올중독이 재발했다고 했어. 그리고 딱 한 잔만이라고 하는데… 진짜 한 잔으로 끝날 수 있을 거라고 생각해? 그렇지 않다는 거 잘 알잖아? 그 한 잔이 지금까지 어렵게 이어온 단주를 깨부술 정도로 가치 있는 거야? 내가 오늘 마신다면 내일 아침에 일어나서 또 죄책감, 자괴감에 괴로워할 거야.

■ 감정(음주충동) : 음주량은 늘긴 했지만, 아직도 술 마신 다음날 일상생활 다 가능하고 아무런 지장이 없어. 술 마시느라 가족하고 시간도 못 보내고 해서 부부싸움을 하긴 하지만 내 할 일도 다 제대로 하는데 단주까지 할 필요가 있어?

■ 이성(단주의지) : 술을 마시지 않았다 해도 부부싸움을 했을까? 제 할 일을 다 하고 있다고 생각하고 있는데, 그렇다면 술을 마시는 동안 아이들이 무엇을 하는지, 아이들이 어떤 얼굴을 하고 있는지, 아이들이 무슨 생각을 하고 있을지… 그리고 부모의 음주를 보고 자란 내 아이들이 어른이 되었을 때 그 미래가 어떠할지 생각해본 적은 있어? 내 아이가 알코올 사용장애가 된다면, 감당할 수 있겠어?

■ 감정(음주충동) : 이대로 평생 동안 술을 한 방울도 마시면 안 되는 거야? 억울해!

■ 이성(단주의지) : 눈을 감고 생각해봐. 너가 왜 그렇게 술에 집착하는지. 목숨과 가족과 너 인생 모두를 걸고 마실 정도로 술이 너한테 그렇게 소중하니? 술은 정말 너에게 있어서 생명수야? 술에 사실은 사람을 의존하게 만드는 약물이 들어있어서 계속 마시면 중독자가 돼서 죽게 돼. 그 사실을 모르고 마셨을 때는 어쩔 수 없었지만, 이제는 알고 나서도 계속 마실 거야?
술 말고도 마실 수 있는 건 널렸어. 그런데도 결국 너를 죽음으로 몰아넣을 술을 마실 거야? 사람을 의존하게 해서 결국은 죽게 만드는 약물이 들어있는 술을 이제는 안 마신다는 것은 어쩌면 행운 아니니? 다른 사람들은 그런 사실조차 모르고 계속해서 마시다가 암에 걸리거나 하루 아침에 사고로 죽는 사람들도 있어. 내가 항상 마시던 그 술에 약물이 들어있다는 사실을 알고 이제는 마시지 않게 되었다는 일을 억울하다고 생각해야 할까? 아니면 다행이라고 생각해야 할까?

■ 감정(음주충동) : 남편은 음주를 컨트롤하면서 집에서 마셔. 이런 상황에서 단주를 한다는 게 가능해? 왜 나만 단주를 해야 해?

■ 이성(단주의지) : 같이 술독에 빠져도 남편은 산소통을 가지고 있는 사람이고 나는 아니야. 아무리 남편이라고 해도 내 알코올 사용장애의 짐을 대신 지어줄 수도 없는 거야. 나 자신과 가족들의 행복을 위해서도 나는 단주를 해야 해.

감정과 이성의 롤 플레이

■ 작성 후 느낀 점

감정과 이성의 롤 플레이

■ 작성 후 느낀 점

감정과 이성의 롤 플레이

■ 작성 후 느낀 점

감정과 이성의 롤 플레이

■ 작성 후 느낀 점

미션 14

단주를 방해하는 생각을 전환하라
(사고분석표)

작성목적

대부분의 사람들은 같은 문제에 또다시 봉착하게 됩니다. 그 이유는 생각과 사고의 패턴이 바뀌지 않은 채로 또다시 그 문제상황에 직면하기 때문입니다. 즉, 문제해결을 위해 가장 중요한 작업이 생각과 사고의 검토와 변화입니다.

사고분석표를 통해 문제에 대한 자신의 생각과 사고를 객관적으로 검토하고, 자신에게 보다 유익하고 적응적인 사고를 이끌어내어 결국은 자신에게 있어 최선이 되는 문제해결에 보다 더 접근할 수 있게 됩니다.

사고분석표는 단주의 계획과 실행, 유지의 모든 기간에 있어서 발생할 수 있는 다양한 문제에 적용하여 생각을 검토하고 변용할 수 있는 작업입니다. 우선은 자신에게 있어서 계속 문제가 되며 해결하기 곤란한 문제를 특정하고 사고분석표를 작성해갑니다. 한 번 작성한 문서는 그대로 끝내지 않고 계속해서 보면서 수정 보완해 나갑니다.

사고분석표

작성예 ①

■ 문제상황

단주가 결심이 안 됨.

■ A 사고(문제상황의 원인이라고 여겨지는 나의 생각)

ㄱ. 나보다 술을 더 마시는 사람들도 있는데 내가 꼭 술을 끊어야 해?
ㄴ. 술을 마시는 것은 나에게 가장 큰 삶의 낙이야. 나는 즐거움을 누릴 권리가 있어.
ㄷ. 매일 이렇게도 고생하고 스트레스를 받는데 술을 마시지 않으면 해나갈 수 없어.
ㄹ. 술을 마셔도 다음날만 조금 힘들지 금방 회복돼. 건강도 아무런 문제 없어.

■ B 사고(A 사고보다 더욱 나에게 유익하고 적응적인 생각)

ㄱ. 그 사람들과 나는 같지 않아. 체질도 다르고 건강상태도 다르고 그들은 알코올 사용장애가 되지 않을 수도 있지만 어쩌면 나는 술 때문에 죽을 수도 있어.
ㄴ. 술을 마시면 즐거운 것은 나 혼자뿐이야. 가족들은 모두 괴롭고 힘들어.
ㄷ. 다른 스트레스 해소방법을 찾아야 해. 술로 스트레스를 푼다고 하지만 사실은 문제도 해결되지 않고 항상 똑같은 문제가 일어나고 있어.
ㄹ. 지금은 아무런 문제가 없다고 해도 간은 침묵의 장기래잖아. 하루 아침에 죽을 수도 있는 것이 알코올 사용장애야. 더구나 나는 나이를 먹어가. 술에 취해서 죽기는 싫어.

■ A 사고와 B 사고에 대한 검토

① A 사고의 장단점은?	②. B 사고의 장단점은?
○ 장점 : ㄱ. 술을 계속해서 마시기 위한 핑계를 댈 수 있다. ㄴ. 힘들게 단주하려고 노력하지 않아도 된다. ○ 단점 : ㄱ. 나는 단주할 수 없을 것이다. ㄴ. 나는 결국 모든 것을 잃을 것이다.	○ 장점 : ㄱ. 단주 성공의 가능성이 높아진다. ㄴ. 단주에 성공하게 되면 나의 상황은 지금보다 나아질 것이다. ○ 단점: ㄱ. 노력해야 한다. ㄴ. 나를 바꿔야 한다.

③ A 사고의 이유, 근거는?(사실만)	④ B 사고의 이유, 근거는?(사실만)
ㄱ. 주변에서 나보다 더 술을 마시면서도 단주하지 않는 사람들이 있다. ㄴ. 술을 마시면 즐겁다. ㄷ. 이제까지 술로 스트레스를 풀어왔다. ㄹ. 평생 동안 마음껏 술을 마시면서 건강에 문제없이 사는 사람들도 있다.	ㄱ. 겉으로는 아무 문제 없어 보이지만 사실은 그렇지 않을 수도 있다. ㄴ. 나의 가족들은 내가 단주하기를 원한다. ㄷ. 술을 마셔도 문제는 해결되지 않았다. 오히려 술을 마시고 감정적이 되어서 문제가 된 적이 많았다. ㄹ. 우리나라에서 술 때문에 죽는 사람들은 해마다 수천 명이다.

⑤ 위의 ③과 ④를 「하지만」으로 연결하여 새로운 생각을 만들어보기

ㄱ. 주변에서 나보다 더 술을 마시면서도 단주하지 않는 사람들이 있다.
하지만, 겉으로는 아무 문제 없어 보이지만 사실은 그렇지 않을 수도 있다.

ㄴ. 술을 마시면 즐겁다.
하지만, 나의 가족들은 오로지 내 술 문제 때문에 하루도 마음 편할 날이 없었다.

ㄷ. 이제까지 술로 스트레스를 풀어왔다.
하지만, 술을 마셔도 문제는 해결되지 않았다. 오히려 술을 마시고 감정적이 되어서 문제가 된 적이 많았다.

ㄹ. 평생 동안 마음껏 술을 마시면서 건강에 문제없이 사는 사람들도 있다.
하지만, 우리나라에서 술 때문에 죽는 사람들은 해마다 수천 명이다.

⑥ ○○(예를 들면 친구, 존경하는 사람, 신)라면 어떻게 대처했을까?	⑦ 친구가 나에게 상담해온다면, 무엇이라고 어드바이스할 것인가?
괴롭고 힘들어도, 그리고 실패하더라도 결코 포기하지 않았을 것이고, 결국 단주에 성공해서 행복한 삶을 살 것이다.	"너 사실은 예전부터 술 끊고 싶다, 아버지처럼 되기 싫다고 했잖아? 너까지 술 때문에 죽으면 돌아가신 너희 아버지나 너희 가족들 마음이 어떻겠어?"

사고분석표

작성예 ②

■ 문제상황

워크시트를 매일 작성하는 것이 잘 안 됨.

■ A 사고(문제상황의 원인이라고 여겨지는 나의 생각)

ㄱ. 이런 종이 쪼가리를 작성한다고 해서 그렇게 어렵다는 술을 정말로 끊을 수 있을까?
ㄴ. 매일 워킹시트를 작성할 수 있을지 모르겠다.
ㄷ. 이제까지 여러 번 단주에 실패했다. 이번에도 단주에 실패할 것 같다.

■ B 사고(A 사고보다 더욱 나에게 유익하고 적응적인 생각)

ㄱ. 종이 쪼가리를 작성하기만 하면 된다고 하니, 손해 볼 거 없다. 해보자.
ㄴ. 처음엔 잘 안 되더라도 익숙해지면 쉬워질 수도 있다. 항상 똑같은 생각만 하면서 제자리걸음이었는데 적어보는 건 신선할 것 같다.
ㄷ. 인지행동치료라는 치료방식은 경험해본 적이 없으니까 해볼 가치는 있다.

■ A 사고와 B 사고에 대한 검토

① A 사고의 장단점은?	② B 사고의 장단점은?
○ 장점 : ㄱ. 내 책임이 아니라고 핑계 댈 수 있다. ㄴ. 귀찮다고 느껴지는 워크시트를 작성하지 않아도 된다. ○ 단점 : ㄱ. 단주 성공의 가능성이 낮아질 것이다. ㄴ. 나는 아무것도 바뀌지 않을 것이다.	○ 장점 : ㄱ. 단주 성공의 가능성이 높아진다. ㄴ. 생각이 바뀌고 힘들지 않게 단주할 수 있을지도 모른다. ○ 단점 : ㄱ. 워크시트 작성에 익숙해지기까지 노력이 필요하다.

③ A 사고의 이유, 근거는?(사실만)	④ B 사고의 이유, 근거는?(사실만)
ㄱ. 다른 방법들도 효과가 없었다. ㄴ. 나는 항상 작심삼일이었다. ㄷ. 여러 번 단주를 시도했지만 결국 실패했다.	ㄱ. 나는 인지행동치료라는 치료법을 경험해본 적이 없다. 인지행동치료로 회복된 사람들이 실제로 있다. ㄴ. 나는 원래 인내심이 강한 사람이고, 학창 시절에는 쓰는 것을 좋아했다. ㄷ. 자조모임이나 병원에 가는 것은 시간과 비용 때문에 어렵지만, 워크시트를 작성할 시간은 있다.

⑤ 위의 ③과 ④를 「하지만」으로 연결하여 새로운 생각을 만들어보기

ㄱ. 다른 방법들도 효과가 없었다.
하지만, 나는 인지행동치료라는 치료법을 경험해본 적이 없다. 인지행동치료로 회복된 사람들이 실제로 있다. 어쩌면 나에게 남겨진 마지막 방법일지도 모른다.

ㄴ. 나는 항상 작심삼일이었다.
하지만, 나는 원래 인내심이 강한 사람이고, 학창시절에는 쓰는 것을 좋아했다. 술 때문에 인내심이 약해지고 무엇을 해도 오래 가지 못했었는데 이번에는 어떻게든 해보고 싶다.

ㄷ. 여러 번 단주를 시도했지만 결국 실패했다.
하지만, 자조모임이나 병원에 가는 것은 시간과 비용 때문에 어렵지만, 워크시트를 작성할 시간은 있다.

⑥ ○○(예를 들면 친구, 존경하는 사람, 신)라면 어떻게 대처했을까?	⑦ 친구가 나에게 상담해온다면, 무엇이라고 어드바이스할 것인가?
자신의 삶을 결코 술 따위에게 내던지고 비참하게 죽지 않는다.	"워크시트 작성하는 건 너 혼자 할 수 있잖아. 돈이나 시간 투자해서 어디에 가야 하는 것도 아니고 이런 간단한 방법으로 단주할 수 있다고 하니까 너무 놀라워. 손해 볼 거 없잖아."

사고분석표

■ 문제상황

■ A 사고(문제상황의 원인이라고 여겨지는 나의 생각)

■ B 사고(A 사고보다 더욱 나에게 유익하고 적응적인 생각)

■ A 사고와 B 사고에 대한 검토

① A 사고의 장단점은?	② B 사고의 장단점은?
○ 장점 :	○ 장점 :
○ 단점 :	○ 단점 :

③ A 사고의 이유, 근거는?(사실만)	④ B 사고의 이유, 근거는?(사실만)

⑤ 위의 ③과 ④를 「하지만」으로 연결하여 새로운 생각을 만들어보기

⑥ ○○(예를 들면 친구, 존경하는 사람, 신)라면 어떻게 대처했을까?	⑦ 친구가 나에게 상담해온다면, 무엇이라고 어드바이스할 것인가?

■ 작성 후 느낀 점

사고분석표

■ 문제상황

■ A 사고(문제상황의 원인이라고 여겨지는 나의 생각)

■ B 사고(A 사고보다 더욱 나에게 유익하고 적응적인 생각)

■ A 사고와 B 사고에 대한 검토

① A 사고의 장단점은?	② B 사고의 장단점은?
○ 장점 :	○ 장점 :
○ 단점 :	○ 단점 :

③ A 사고의 이유, 근거는?(사실만)	④ B 사고의 이유, 근거는?(사실만)

⑤ 위의 ③과 ④를 「하지만」으로 연결하여 새로운 생각을 만들어보기

⑥ ○○(예를 들면 친구, 존경하는 사람, 신)라면 어떻게 대처했을까?	⑦ 친구가 나에게 상담해온다면, 무엇이라고 어드바이스할 것인가?

■ 작성 후 느낀 점

_____
_____

사고분석표

■ 문제상황

■ A 사고(문제상황의 원인이라고 여겨지는 나의 생각)

■ B 사고(A 사고보다 더욱 나에게 유익하고 적응적인 생각)

■ A 사고와 B 사고에 대한 검토

① A 사고의 장단점은?	② B 사고의 장단점은?
○ 장점 :	○ 장점 :
○ 단점 :	○ 단점 :

③ A 사고의 이유, 근거는?(사실만)	④ B 사고의 이유, 근거는?(사실만)

⑤ 위의 ③과 ④를 「하지만」으로 연결하여 새로운 생각을 만들어보기

⑥ ○○(예를 들면 친구, 존경하는 사람, 신)라면 어떻게 대처했을까?	⑦ 친구가 나에게 상담해온다면, 무엇이라고 어드바이스할 것인가?

■ 작성 후 느낀 점

사고분석표

■ 문제상황

■ A 사고(문제상황의 원인이라고 여겨지는 나의 생각)

■ B 사고(A 사고보다 더욱 나에게 유익하고 적응적인 생각)

■ A 사고와 B 사고에 대한 검토

① A 사고의 장단점은?	② B 사고의 장단점은?
○ 장점 :	○ 장점 :
○ 단점 :	○ 단점 :

③ A 사고의 이유, 근거는?(사실만)	④ B 사고의 이유, 근거는?(사실만)

⑤ 위의 ③과 ④를 「하지만」으로 연결하여 새로운 생각을 만들어보기

⑥ ○○(예를 들면 친구, 존경하는 사람, 신)라면 어떻게 대처했을까?	⑦ 친구가 나에게 상담해온다면, 무엇이라고 어드바이스할 것인가?

■ 작성 후 느낀 점

미션 15

나에게 스트레스를 유발하는 부정적인 생각의 버릇을 파악하라
(왜곡된 인지)

작성목적

    알코올 사용장애와 우울증은 합병되는 경우가 많습니다. 또한, 단주를 하는 과정에서도 음주라는 즐거움을 잃었다는 상실감과 우울감은 단주를 위협하는 요소로 작용할 수 있습니다. 때문에 단주를 실천하기 위해서는 우울감에 대처하는 것이 중요한 과제라고 할 수 있습니다.

    우울감을 가지고 있는 사람들의 중요한 특징으로서 일컬어지는 것이 바로 왜곡된 인지입니다. 생각과 사고는 항상 극단적인 면으로 기울며 긍정적인 면을 바라보기 어렵습니다. 이렇게 부정적으로 생각하는 습관은 자신뿐만 아니라 주위 사람들, 그리고 자신을 둘러싼 환경에 대해서도 적용되어, 그 결과 자존감은 더욱 떨어지고 주위 사람들과의 관계도 개선되지 않습니다.

    이 워크시트에서는 자신에게 어떠한 왜곡된 인지가 존재하는지 검토해볼 수 있습니다. 일상생활 속에서 자신의 왜곡된 인지를 발견했을 때 워크시트에 적어보고, '사고분석표'를 통해서 자신에게 더욱 유익하고 긍정적인 방향으로 변환시키도록 합니다.

왜곡된 인지

작성예

'내가 어렸을 때부터 내 인생은 꼬였어. 한 번도 나는 행복한 적이 없었어. 앞으로도 나는 단주하지 못할 것이고 내 인생은 지금 이대로 엉망일 거야.' → 극대화 극소화

'너가 매일 나한테 스트레스를 주니까 내가 술을 마시는 거야.' → 개인화

'어차피 나도 아버지처럼 알코올중독으로 죽게 될 거야. 단주한답시고 발버둥쳐봤자 아무 소용도 없어.' → 예언자적 사고

왜곡된 인지

■ 긍정격하 : 긍정적인 경험을 거부. '예전에 잠깐 단주한 적도 있었지만 다시 마셨어. 나에게 단주는 무리야.'	
■ 감정적 추리 : 느낌에만 의존하여 사실을 믿음. '내가 단주에 성공할 거라고 느껴본 적이 없어. 그러니까 단주는 안 돼.'	
■ 낙인찍기 : 자신은 근본적으로 결점과 실수를 가진 인간이라고 스스로 규정. '알코올 사용장애는 유전병이야. 나는 어차피 알코올 사용장애가 될 운명이었어.'	
■ 극대화/극소화 : 안 좋은 측면을 극대화, 좋은 측면을 최소화하여 인식. '잘 되는 일이라곤 하나도 없어. 그냥 술이라도 맘껏 마시자.'	
■ 독심술 : 타인의 생각을 부정적으로 추측. '어차피 내 가족들도 내가 구제불능이라고 생각하고 있을 거야.'	
■ 개인화 : 모든 책임을 자신 또는 타인에게 돌림. '부모님 때문에 내 인생이 망가졌어.'	
■ 최악의 상황을 상상 : 최악의 상황을 상상하여 아예 시작하지 않거나 도중에 포기함. '어차피 술은 못 끊어. 그러니까 괜히 고생하면서 단주할 필요도 없어.'	
■ 예언자적 사고 : 부정적 결과의 예측. '어차피 나는 단주에 실패할 거야.'	

■ 작성 후 느낀 점

왜곡된 인지

■ 긍정격하 : 긍정적인 경험을 거부. '예전에 잠깐 단주한 적도 있었지만 다시 마셨어. 나에게 단주는 무리야.'	
■ 감정적 추리 : 느낌에만 의존하여 사실을 믿음. '내가 단주에 성공할 거라고 느껴본 적이 없어. 그러니까 단주는 안 돼.'	
■ 낙인찍기 : 자신은 근본적으로 결점과 실수를 가진 인간이라고 스스로 규정. '알코올 사용장애는 유전병이야. 나는 어차피 알코올 사용장애가 될 운명이었어.'	
■ 극대화/극소화 : 안 좋은 측면을 극대화, 좋은 측면을 최소화하여 인식. '잘 되는 일이라곤 하나도 없어. 그냥 술이라도 맘껏 마시자.'	
■ 독심술 : 타인의 생각을 부정적으로 추측. '어차피 내 가족들도 내가 구제불능이라고 생각하고 있을 거야.'	
■ 개인화 : 모든 책임을 자신 또는 타인에게 돌림. '부모님 때문에 내 인생이 망가졌어.'	
■ 최악의 상황을 상상 : 최악의 상황을 상상하여 아예 시작하지 않거나 도중에 포기함. '어차피 술은 못 끊어. 그러니까 괜히 고생하면서 단주할 필요도 없어.'	
■ 예언자적 사고 : 부정적 결과의 예측. '어차피 나는 단주에 실패할 거야.'	

■ 작성 후 느낀 점

_____
_____

왜곡된 인지

■ 긍정격하 : 긍정적인 경험을 거부. '예전에 잠깐 단주한 적도 있었지만 다시 마셨어. 나에게 단주는 무리야.'	
■ 감정적 추리 : 느낌에만 의존하여 사실을 믿음. '내가 단주에 성공할 거라고 느껴본 적이 없어. 그러니까 단주는 안 돼.'	
■ 낙인찍기 : 자신은 근본적으로 결점과 실수를 가진 인간이라고 스스로 규정. '알코올 사용장애는 유전병이야. 나는 어차피 알코올 사용장애가 될 운명이었어.'	
■ 극대화/극소화 : 안 좋은 측면을 극대화, 좋은 측면을 최소화하여 인식. '잘 되는 일이라곤 하나도 없어. 그냥 술이라도 맘껏 마시자.'	
■ 독심술 : 타인의 생각을 부정적으로 추측. '어차피 내 가족들도 내가 구제불능이라고 생각하고 있을 거야.'	
■ 개인화 : 모든 책임을 자신 또는 타인에게 돌림. '부모님 때문에 내 인생이 망가졌어.'	
■ 최악의 상황을 상상 : 최악의 상황을 상상하여 아예 시작하지 않거나 도중에 포기함. '어차피 술은 못 끊어. 그러니까 괜히 고생하면서 단주할 필요도 없어.'	
■ 예언자적 사고 : 부정적 결과의 예측. '어차피 나는 단주에 실패할 거야.'	

■ 작성 후 느낀 점

_____
_____

왜곡된 인지

■ 긍정격하 : 긍정적인 경험을 거부. '예전에 잠깐 단주한 적도 있었지만 다시 마셨어. 나에게 단주는 무리야.'	
■ 감정적 추리 : 느낌에만 의존하여 사실을 믿음. '내가 단주에 성공할 거라고 느껴본 적이 없어. 그러니까 단주는 안 돼.'	
■ 낙인찍기 : 자신은 근본적으로 결점과 실수를 가진 인간이라고 스스로 규정. '알코올 사용장애는 유전병이야. 나는 어차피 알코올 사용장애가 될 운명이었어.'	
■ 극대화/극소화 : 안 좋은 측면을 극대화, 좋은 측면을 최소화하여 인식. '잘 되는 일이라곤 하나도 없어. 그냥 술이라도 맘껏 마시자.'	
■ 독심술 : 타인의 생각을 부정적으로 추측. '어차피 내 가족들도 내가 구제불능이라고 생각하고 있을 거야.'	
■ 개인화 : 모든 책임을 자신 또는 타인에게 돌림. '부모님 때문에 내 인생이 망가졌어.'	
■ 최악의 상황을 상상 : 최악의 상황을 상상하여 아예 시작하지 않거나 도중에 포기함. '어차피 술은 못 끊어. 그러니까 괜히 고생하면서 단주할 필요도 없어.'	
■ 예언자적 사고 : 부정적 결과의 예측. '어차피 나는 단주에 실패할 거야.'	

■ 작성 후 느낀 점

목표 4

위기상황 대비하기

미션 16

술자리에 대비하라
(액션플랜)

작성목적

회사에서의 회식, 망년회, 신년회, 생일축하파티, 장례식에 이르기까지 우리가 살아가는 사회 어느 곳에서도 술을 권하는 장면을 볼 수 있습니다. 어렵게 단주에 성공하고 단주를 유지하고 있다고 하더라도, 음주를 유발하는 이러한 위기상황에 미리 대처하고 있지 않으면 음주재발의 위험성이 매우 높아집니다. 특히 단주 초기에는 이러한 술자리에 대한 만전의 준비가 필수적이라고 해도 과언이 아닙니다. 이 워크시트 작성을 통해 음주의 위험성이 높은 상황에 미리 대처방법을 생각하고 대비합니다.

액션플랜

> 작성예

■ 목표

```
친구들과의 여행에서 술 마시지 않기.
```

■ 액션(목표달성을 위한 구체적인 방법)

```
친구들에게 약을 먹어서 단주하고 있다고 미리 말해두기.
친구들이 술을 마실 때 나는 탄산음료 마시기.
여행 중에도 단주카페 출석체크 잊지 않기.
```

■ 개시시기

```
이번 달 말 친구들과의 여행.
```

■ 예상되는 장애와 장애 극복 방략

예상되는 장애	장애 극복 방략
① 술을 마시는 친구들을 보면서 술을 마시고 싶다는 갈망이 높아진다. ② 안 마신다고 해도 친구들이 계속 권한다. 그걸 이기고 술을 안 마실 수 있을지 자신이 없다. ③ 단주에 큰 도움이 되고 있는 단주카페 출석체크를 하지 않게 된다.	① 알코올중독으로 돌아가신 분의 단주카페 글을 떠올린다. ② 건강이 좋지 않다고 말한다. 그럼에도 불구하고 계속 권하는 친구는 진정한 친구가 아니라고 생각하기로 한다. ③ 아침에 일어나면 바로 가는 화장실에서 느긋하게 단주카페 출석체크를 한다.

■ 액션 달성 후 느낀 점, 개선할 점

```
술이 없는 첫 여행이라 사실은 정말로 마시지 않을 수 있을지 자신이 없었지만, 액션플랜을 작성하여서 왠지 든든하였다.
여행의 술자리에서 친구들에게 "술을 마시지 않겠다"라고 말했을 때, 친구들은 처음에는 놀라는 눈치였지만 이해해주었다.
술에 조금 취한 한 친구가 자꾸 나에게 술을 권해와서 싫었다. 다음에 여행 갈 때 그 친구가 간다면 나는 여행을 가지 않는 편이 좋을 것이다.
```

액션플랜

작성예

■ 목표

■ 액션(목표달성을 위한 구체적인 방법)

■ 개시시기

■ 예상되는 장애와 장애 극복 방략

예상되는 장애	장애 극복 방략

■ 액션 달성 후 느낀 점, 개선할 점

액션플랜

작성예

■ 목표

■ 액션(목표달성을 위한 구체적인 방법)

■ 개시시기

■ 예상되는 장애와 장애 극복 방략

예상되는 장애	장애 극복 방략

■ 액션 달성 후 느낀 점, 개선할 점

액션플랜

작성예

■ 목표

■ 액션(목표달성을 위한 구체적인 방법)

■ 개시시기

■ 예상되는 장애와 장애 극복 방략

예상되는 장애	장애 극복 방략

■ 액션 달성 후 느낀 점, 개선할 점

액션플랜

작성예

■ 목표

■ 액션(목표달성을 위한 구체적인 방법)

■ 개시시기

■ 예상되는 장애와 장애 극복 방략

예상되는 장애	장애 극복 방략

■ 액션 달성 후 느낀 점, 개선할 점

미션 17

우울, 불안, 분노, 스트레스를 즉각적으로 잠재우라
(사고스톱법)

작성목적

알코올 사용장애에 있어서 배화외피(배 : 배고픔 / 화 : 화남 / 외 : 외로움 / 피 : 피곤함)는 유명한 음주 유발 요인으로서 알려져 있습니다[19]. 이중에서 화남과 외로움은 감정입니다. 이외에도 무료함, 우울감, 불안감, 스트레스 등의 부정적인 감정도 음주요인이 될 수 있습니다. 이러한 감정에 휩싸이기 전에 우리는 반드시 그와 관련된 생각이 떠오릅니다. 그리고 그 생각에 제대로 대처하지 않을 경우 부정적인 감정은 음주로 이어질 수 있습니다.

■ 부정적인 생각과 감정, 행동의 관계

생각 : '나는 왜 이렇게 가족들에게 따뜻하지 못한 걸까? 나는 결코 바뀔 수 없는 걸까?'
↓
감정 : 자기혐오감, 우울감, 외로움, 절망감, 죄책감
↓
행동 : 음주

■ 부정적인 생각과 감정, 행동의 관계

생각 : '나도 나름대로 최선을 다하고 있는데, 가족들조차 내 마음을 알아주지 않아.'
↓
감정 : 분노, 우울감, 외로움
↓
행동 : 음주

이러한 부정적인 생각과 감정에 휩싸였을 때, 음주재발을 방지하기 위해서는 그 생각을 중단해야 합니다. 생각을 중단한다면 더 이상 부정적인 감정에 휩싸이지 않을 수 있기 때문입니다. 그러나 머릿속으로 떠오르는 생각을 컨트롤한다는 것은 쉽지 않을 수 있습니다. 이 워크시트에서는 부정적인 생각을 중단시킬 수 있는 자신만의 방법을 발견하여, 언제 다가올지 모르는 부정적인 생각과 감정에 대처해봅니다.

사고스톱법의 종류 [19, 31, 45]

■ 스위치법
마음속으로 스위치를 그려봅니다. 어떤 색의 어떤 모양의 스위치인지 구체적으로 스위치를 상상합니다. 이 스위치가 켜진 상태에서는 갈망이나 우울, 불안과 같은 부정적인 생각과 감정이 나를 침범합니다. 하지만 내가 이 스위치를 끄면 신기하게도 이러한 부정적인 생각과 감정이 사라집니다. 마음속으로 스위치를 켜기와 끄기를 반복하며 연습해봅니다.

■ 고무줄법
손목에 팔찌를 하는 자리에 고무줄을 찹니다. 싫은 생각이나 음주충동이 일어날 때, 고무줄을 팽팽히 잡아당겼다가 놓아서 가볍게 피부를 때리도록 합니다. 고무줄이 손목을 때릴 때 "스톱!!"이라고 마음속으로 말하고 다른 것을 생각하도록 합니다. 예를 들면, 그날 저녁에 무엇을 먹을지, 어제 먹었던 아침, 점심, 저녁의 메뉴가 무엇이었는지, 그 다음날의 스케줄은 어떠한지. 이때 무엇을 생각할 것인지에 대해서도 미리 생각해둡니다.

■ 계산법
음주충동이나 우울, 불안, 분노의 감정이 갑자기 생겨났을 때 머릿속으로 계산을 합니다. 100에서 7씩을 빼가거나, 또는 8씩 빼어가는 숫자를 정하고 계산에 집중합니다. 가능하다면 소리를 내어서 계산을 하는 것도 좋습니다.

■ 토닥토닥법
몇 년 전 저는 정신적으로 매우 큰 타격을 받았던 적이 있었습니다. 한 달 정도 잠도 제대로 이루지 못하였고, 문이 잠기었는지를 확인하는 강박증상과 불안이 강해졌고 혼자 있을 때는 눈물이 흘렀습니다. 잠을 잘 때도 싫은 기억이 생생하게 저를 엄습해와서 도저히 잠을 이루기 힘들었습니다. 이때 제가 스스로 생각해서 실천해보고 효과가 있었던 방법입니다. 구체적인 방법은, 엄마가 아이들을 잠재울 때 자장가를 부르며 토닥토닥해 주듯이, 같은 리듬으로 자신의 몸을 한 손으로 부드럽게 토닥토닥하는 것입니다. 잠이 오지 않을 때뿐만 아니라, 일어나 깨어 있을 때도 불안이 엄습해올 때 이용할 수 있습니다.

■ 호흡법
부정적인 생각과 감정들은 꼬리에 꼬리를 물고 더욱더 강해집니다. 특히 우울이나 불안 등의 감정에 휩싸일 때는 숨이 얕아지고 빨라지기 때문에 숨을 제대로 쉬기조차 힘들어집니다. 구체적인 방법으로는 3초간 들이쉬고 3초간 내쉬기, 3초간 들이쉬고 4초간 숨을 참은 뒤 5초간 내쉬기, 4초간 들이쉬고 4초간 내쉬기, 4초간 들이쉬고 4초간 숨을 참은 뒤 5초간 내쉬기, 5초간 들이쉬고 5초간 내쉬기 등입니다. 여러 가지 방법을 체험해보고 자신에게 가장 편한 호흡시간을 찾아내도록 합니다. 호흡법 실시에 있어 중요한 것은 자신의 호흡에 주의를 집중시키는 것입니다.

■ 생중계법
주위에 집중하면서 그것들을 마음속으로 생중계합니다. 눈에 보이는 것들은 무슨 색인지, 무슨 소리가 들리는지, 무슨 냄새가 나는지, 내 손에 만져지는 촉감은 어떠한지, 내가 먹고 있는 음식은 무슨 맛이며, 어떠한 재료가 들어가 있는지… 내가 아나운서가 되어 현장 생중계를 하는 것처럼 말해봅니다.

○ 생중계법의 예
'내 눈앞에는 지금 많은 사람들이 보인다. 저 사람은 검은 모자를 쓰고 빨간 반팔 티셔츠에 검은색 반바지를 입고 있다. 지금 어디를 가는 것일까? 뭔가 급히 길을 서두르고 있다. 어디에선가 커피냄새가 난다. 아마도 이 근처에 커피숍이 있는 것 같다…'

■ **마법의 주문법**

음주충동이나 우울, 불안, 분노의 감정이 생겼을 때 나에게 들려줄 주문(짧은 문구)을 미리 생각해둡니다. 이 주문은 내 마음속에서 부정적인 감정이나 음주충동을 거짓말처럼 사라지게 해주는 효과를 가지고 있습니다.

○ **나만의 주문의 예**
- 갈망 → '안 마시면 그만이지!', '마신 다음날 내 모습을 상상해!', '내가 왜 마셔?'
- 우울, 불안 → '괜찮아!', '다 잘 될 거야!', '아무 걱정 하지 마!', '할 수 있어!'

■ **아로마법**

우연히 맡은 향기로부터 예전의 기억이 되살아나거나 당시의 감정이 다시 느껴졌던 경험은 누구나 가지고 있을 것입니다. 향기는 우리의 주의를 전환시키고 감정을 컨트롤할 수 있는 힘을 가지고 있습니다. 핸드크림이나 향수 등 자신이 좋아하는 향기가 나는 물건을 지니고 다니면서 부정적인 생각이나 감정이 밀려왔을 때 그 향기를 맡으면서 자신의 기분이 개선됨을 이미지합니다.

사고스톱법

■ 실천해보고 싶은 사고스톱법, 실천한 날짜와 상황, 느낀 점

사고스톱법

■ 실천해보고 싶은 사고스톱법, 실천한 날짜와 상황, 느낀 점

사고스톱법

■ 실천해보고 싶은 사고스톱법, 실천한 날짜와 상황, 느낀 점

사고스톱법

■ 실천해보고 싶은 사고스톱법, 실천한 날짜와 상황, 느낀 점

미션 18

음주의 유혹과 갈망감이 들 때의 나에게 들려주라(코핑카드)

작성목적

단주는 자신과의 싸움입니다. 그 누구도 대신해줄 수 없으며, 내 스스로 견디고 헤쳐 나아가야 합니다. 하지만 단주로 인해 얼마나 힘든지 알아주는 사람은 주변에서 찾아보기 힘들고, 내가 단주를 한다고 말을 했다가 실패하면 "너가 또 그럴 줄 알았어"라는 비난이 돌아올까봐 단주를 하겠다는 선언조차 하기 어렵습니다.

인생 최대의 미션인 동시에 고독한 싸움인 단주에 있어서 가장 강력한 아군은 바로 자기 자신입니다. 식사를 하러 갔다가 옆 테이블에서 마시는 반주, 회식 자리에서 즐겁게 웃고 떠들며 얼큰하게 취한 동료들을 보면 '나는 왜 단주를 해야 하는 거야? 억울해. 그냥 마시자'라는 생각이 들 수도 있습니다. 어디에 가든지 음주의 유혹은 항상 당연히 존재한다고 생각한다면 대비할 수 있습니다. 유혹과 갈망이 생겼을 때 아무것도 하지 않고 그 자극상황 속에 그대로 머무른다면 술의 달콤함을 아는 우리의 뇌는 점점 음주를 합리화하는 말들을 만들어낼 것입니다.

하지만 유혹이 있을 때마다 전문기관을 찾거나 누군가에게 연락을 하기도 어렵습니다. 이럴 때 비장의 무기가 될 수 있는 것이 바로 코핑카드(Coping Card)입니다. 음주의 유혹이 있을 때, 갈망감을 느낄 때, 단주를 포기하고 싶어질 때, 단주에 실패하여 사기가 저하되었을 때 스스로에게 들려줄 힘이 되는 말을 적어봅니다. 특히 알코올 사용장애를 경험한 후 수차례의 단주 실패를 경험한 사람은 '나는 안 돼'라는 부정적인 생각과 함께 자존감정이 낮아져 있을 수도 있습니다. 코핑카드에는 자신의 단주를 응원할 수 있는 말뿐 아니라, 자존감정을 높일 수 있는 격려의 문구도 쓸 수 있습니다. 뿐만 아니라 술을 거절하기 곤란한 상황이나 재음주할 가능성이 높은 상황에 대한 대처방법을 미리 적어두고, 정말로 그 상황이 닥쳐왔을 때 카드를 보며 대처할 수도 있습니다.

코핑카드

작성예

1월 15일
술 때문에 망가질 대로 망가진 나지만, 지금의 나는 원래의 내 모습이 아니야. 지금도 나를 아끼고 버리지 않은 부모님과 형제들이 있어. 나는 할 수 있어.

1월 16일
나는 예전에도 짧은 기간이었지만 단주에 성공한 적이 있어.

* 내일 술자리 대책 : 다음날 건강검진이 있다고 말하기. 약 먹는다고 말하기.

코핑카드

코핑카드

코핑카드

코핑카드

미션 19

음주몽에 대비하라
(음주몽 대책 세우기)

작성목적

다이어트를 하는 사람의 음식을 먹는 꿈, 금연하는 사람의 흡연하는 꿈과 마찬가지로 단주하는 사람들은 술을 마시는 음주몽을 꾸는 경우가 있습니다. 술이라는 단어를 입에 담는 것조차 조심하게 되는 단주 초기에는 음주몽을 꾼 다음날 부정적인 생각과 감정이 생기게 됩니다. 하지만 단주 초기의 음주몽은 음주가 진행되고 있다는 증거입니다.

한편, 단주가 어느 정도 진행된 후에도 음주몽은 출현합니다. 단주와 함께 시간이 흐를수록, 단주 초기에 마음먹었던 강한 의지와 자신에게 존재했던 음주의 폐해에 의한 기억과 감정은 희미해질 수 있습니다. 따라서 단주가 어느 정도 진행된 시기의 음주몽은 음주재발에 항상 주의하고 대비하라는 경고로서의 매우 중요한 의미를 가집니다[13].

누구나 꿈은 꿀 수 있습니다. 하지만 중요한 것은 그 꿈을 어떻게 해석(생각)하느냐에 따라 행동이 결정되고, 음주재발 또는 단주유지의 갈림길이 될 수 있습니다. 이 워크시트에서는 언제 찾아올지 모르는 음주몽에 미리 대책을 세워봅니다.

음주몽 대책 세우기

> **작성예**

- **음주몽을 꾼 날짜와 내용, 꿈을 꾼 후 들었던 생각, 감정, 행동**

○ 꿈을 꾼 날짜와 내용

5/10. 항상 마시던 술을 혼자서 대낮에 마시는 꿈이었다.
꿈이 너무나 생생해서 꿈에서 깨고 나서도 꿈인지 생시인지 잠시 얼떨떨하고, 왠지 입에서 술맛이 나는 것 같았다.

○ 생각과 기분

'꿈속에서까지 술을 마시나?'
'꿈까지 꿀 정도로 내가 술을 마시고 싶어 하는 건가?'
'나는 단주를 할 수 없는 건가?'라는 생각이 들었다.
기분은 너무나 찜찜했다.
다시 예전으로 돌아갈까봐 두려움도 느꼈다.
꿈을 꾼 다음날 하루 종일 왠지 기분이 가라앉았다.

○ 행동과 그 결과

나를 정말로 아껴주는 친구를 만나 저녁을 먹으면서 이야기를 했더니, 그 친구는 "꿈은 반대이다, 술 끊기를 정말 잘했다, 너 술 안 끊었으면 지금 저세상에서 나 보고 있을지도 몰라"라고 말해주었다. 집에 돌아오면서 내가 예전에 단주카페에 적어 놓았던 글을 보면서 다시 단주의지가 솟구쳤다.

* 위의 생각, 감정, 행동이 나에게 음주재발의 가능성을 높인다고 생각되는 경우
→ 워크시트 '사고분석표' 작성하기

- **음주몽 후 음주재발의 가능성을 차단하기 위한 구체적인 방법 생각해두기**

음주몽을 꾼 날은 혼자서 있지 않고 외출하거나 나를 아껴주는 사람을 만나기.
나의 정신적인 멘토인 그분에게 연락하기.
워크시트 작성하기.
단주를 시작할 때 내가 단주카페에 썼던 글 다시 읽기.
단주카페에 글 올려서 마음 털어 놓고 조언 구하기.
몸이 적당히 피곤하면 꿈을 덜 꾼다고 하니 운동하기.

음주몽 대책 세우기

■ 음주몽을 꾼 날짜와 내용, 꿈을 꾼 후 들었던 생각, 감정, 행동

○ 꿈을 꾼 날짜와 내용

○ 생각과 기분

○ 행동과 그 결과

* 위의 생각, 감정, 행동이 나에게 음주재발의 가능성을 높인다고 생각되는 경우
→ 워크시트 '사고분석표' 작성하기

■ 음주몽 후 음주재발의 가능성을 차단하기 위한 구체적인 방법 생각해두기

음주몽 대책 세우기

■ 음주몽을 꾼 날짜와 내용, 꿈을 꾼 후 들었던 생각, 감정, 행동

○ 꿈을 꾼 날짜와 내용

○ 생각과 기분

○ 행동과 그 결과

* 위의 생각, 감정, 행동이 나에게 음주재발의 가능성을 높인다고 생각되는 경우
→ 워크시트 '사고분석표' 작성하기

■ 음주몽 후 음주재발의 가능성을 차단하기 위한 구체적인 방법 생각해두기

음주몽 대책 세우기

■ 음주몽을 꾼 날짜와 내용, 꿈을 꾼 후 들었던 생각, 감정, 행동

○ 꿈을 꾼 날짜와 내용

○ 생각과 기분

○ 행동과 그 결과

* 위의 생각, 감정, 행동이 나에게 음주재발의 가능성을 높인다고 생각되는 경우
→ 워크시트 '사고분석표' 작성하기

■ 음주몽 후 음주재발의 가능성을 차단하기 위한 구체적인 방법 생각해두기

음주몽 대책 세우기

■ 음주몽을 꾼 날짜와 내용, 꿈을 꾼 후 들었던 생각, 감정, 행동

○ 꿈을 꾼 날짜와 내용

○ 생각과 기분

○ 행동과 그 결과

* 위의 생각, 감정, 행동이 나에게 음주재발의 가능성을 높인다고 생각되는 경우
→ 워크시트 '사고분석표' 작성하기

■ 음주몽 후 음주재발의 가능성을 차단하기 위한 구체적인 방법 생각해두기

미션 20

음주재발의 징후를 체크하라
(재발의 신호 체크하기)

작성목적

단주를 희망하는 대부분의 사람들이 여러 번의 음주재발을 경험합니다. 음주재발은 어느 날 갑자기 찾아오는 것이 아니라, 음주재발 이전에는 음주하였던 시기와 비슷한 행동들이 다시 출현하고, 아주 사사로운 일을 계기로 시작된다고 합니다. 어렵게 단주를 하였다고 하더라도, 몇 년 동안의 단주라는 결실이 하루아침에 무너질 수 있습니다. 그러므로 음주재발에는 반드시 미리 대비하여야 합니다.

다음은 일반적으로 알코올 사용장애를 가지고 있을 때 보여지는 행동들입니다. 이 리스트를 참고로 하면서 워크시트를 작성해두시고, 단주 진행 중에 수시로 체크하시면서 음주재발에 대비하시기 바랍니다.

알코올 사용장애의 의존행동 리스트[19]

결석.
결근.
낭비.
병원에 가지 않게 됨.
약 복용을 중단함.
밤낮이 바뀜.
술을 마시는 사람들을 주로 만남.
약속을 지키지 않음.
단주카페에 들어가지 않게 됨.
쉽게 화를 냄.

거짓말.
운동을 그만둠.
식사가 불규칙해짐.
혼자 있기를 즐김.
흥미거리를 잃음.
충동적으로 행동함.
무책임한 행동을 함.
예민해짐.
워크시트를 작성하지 않게 됨.
음주를 합리화하는 생각을 떠올림.

재발의 신호 체크하기

작성예

1. 자신이 음주문제를 가지고 있었을 때, 또는 예전에 음주가 재발하였을 때의 행동이나 상황이 어떠하였는지 떠올리며 자신의 의존행동 리스트를 만들어봅시다.

■ 나의 의존행동 리스트

> 스트레스에 쉽게 반응하게 됨.
> 기분전환을 위한 행동(운동, 산책, 여행, 외출)들을 하지 않음.
> 쉽게 화를 냄.
> 점심을 거름.
> 단주카페에 들어가지 않게 됨.
> 음주를 합리화하는 생각을 떠올림.
> 사람들에 대해 부정적인 생각을 많이 하게 됨.

2. 위에서 작성한 리스트 중 지금 현재, 자신에게 들어맞는 항목은 무엇입니까?

> ㄱ. 단주카페에 들어가지 않게 됨.
> ㄴ. 음주를 합리화하는 생각을 떠올림.
>   '나는 절주할 수 있어.'
>   '취하지만 않으면 돼.'
>
> ㄷ. 스트레스가 쌓여 있음.

3. 나에게 음주재발의 위험신호를 보내고 있는 2.의 항목을 개선하여 단주를 계속하기 위해 내가 해야 할, 또는 내가 할 수 있는 행동은 무엇입니까?

> ㄱ. 단주카페에 매일 출석체크를 한다.
> ㄴ. 단주카페에 속마음을 털어놓고 조언을 얻는다.
>   내가 예전에 작성해둔 워크시트를 다시 읽어본다.
>   워크시트를 다시 작성하기 시작한다.
> ㄷ. 주말에 기분전환을 위해 가족들과 여행을 한다.
>   매일 아침 10분이라도 반드시 산책을 한다.

4. 위 3.의 행동을 실행에 옮기기 위한 액션플랜을 작성해봅시다.

   → 워크시트 '액션플랜'으로

재발의 신호 체크하기

1. 자신이 음주문제를 가지고 있었을 때, 또는 예전에 음주가 재발하였을 때의 행동이나 상황이 어떠하였는지 떠올리며 자신의 의존행동 리스트를 만들어봅시다.

■ 나의 의존행동 리스트

2. 위에서 작성한 리스트 중 지금 현재, 자신에게 들어맞는 항목은 무엇입니까?

3. 나에게 음주재발의 위험신호를 보내고 있는 2.의 항목을 개선하여 단주를 계속하기 위해 내가 해야 할, 또는 내가 할 수 있는 행동은 무엇입니까?

4. 위 3.의 행동을 실행에 옮기기 위한 액션플랜을 작성해봅시다.

→ 워크시트 '액션플랜'으로

재발의 신호 체크하기

1. 자신이 음주문제를 가지고 있었을 때, 또는 예전에 음주가 재발하였을 때의 행동이나 상황이 어떠하였는지 떠올리며 자신의 의존행동 리스트를 만들어봅시다.

■ 나의 의존행동 리스트

2. 위에서 작성한 리스트 중 지금 현재, 자신에게 들어맞는 항목은 무엇입니까?

3. 나에게 음주재발의 위험신호를 보내고 있는 2.의 항목을 개선하여 단주를 계속하기 위해 내가 해야 할, 또는 내가 할 수 있는 행동은 무엇입니까?

4. 위 3.의 행동을 실행에 옮기기 위한 액션플랜을 작성해봅시다.
→ 워크시트 '액션플랜'으로

재발의 신호 체크하기

1. 자신이 음주문제를 가지고 있었을 때, 또는 예전에 음주가 재발하였을 때의 행동이나 상황이 어떠하였는지 떠올리며 자신의 의존행동 리스트를 만들어봅시다.

■ 나의 의존행동 리스트

2. 위에서 작성한 리스트 중 지금 현재, 자신에게 들어맞는 항목은 무엇입니까?

3. 나에게 음주재발의 위험신호를 보내고 있는 2.의 항목을 개선하여 단주를 계속하기 위해 내가 해야 할, 또는 내가 할 수 있는 행동은 무엇입니까?

4. 위 3.의 행동을 실행에 옮기기 위한 액션플랜을 작성해봅시다.

→ 워크시트 '액션플랜'으로

재발의 신호 체크하기

1. 자신이 음주문제를 가지고 있었을 때, 또는 예전에 음주가 재발하였을 때의 행동이나 상황이 어떠하였는지 떠올리며 자신의 의존행동 리스트를 만들어봅시다.

■ 나의 의존행동 리스트

2. 위에서 작성한 리스트 중 지금 현재, 자신에게 들어맞는 항목은 무엇입니까?

3. 나에게 음주재발의 위험신호를 보내고 있는 2.의 항목을 개선하여 단주를 계속하기 위해 내가 해야 할, 또는 내가 할 수 있는 행동은 무엇입니까?

4. 위 3.의 행동을 실행에 옮기기 위한 액션플랜을 작성해봅시다.
→ 워크시트 '액션플랜'으로

목표 5

나의 내면 치유하기

미션 21

긍정적인 생각과 감정을 회복하라
(포지티브 카드)

작성목적

　알코올 사용장애는 고독의 병이라고도 합니다. 음주에 의해 일상생활에서 다양한 문제들이 거듭되면서 사람들은 곁에서 떠나가고 결국은 혼자 남게 되기 때문입니다. 알코올 사용장애의 당사자에게 돌아오는 말은 비난과 포기, 한숨과 한탄이 아니지 않을까 합니다. 자존감은 바닥까지 떨어지고 술을 마신 후에는 밀려드는 죄책감과 자괴감에 괴로워하며, 일상생활 그 어디에서도 자신에 대한 긍정적인 경험을 하기는 참으로 어렵습니다.

　단주를 위해서는 '나는 술을 끊을 수 있어. 나는 내 자신을 컨트롤할 수 있어'라는 자존감과 자신감이 중요합니다. 이 워크시트는 단주의 큰 원동력이 될 수 있는 자기 자신의 긍정적인 요소를 발견하고 그것을 더욱 강화시키는 것을 목적으로 합니다.

　가능하다면 매일 작성하도록 노력하며, '좋아요'에는 오늘 내 자신을 칭찬하고 싶은 일, '감사'에는 자신 또는 다른 사람, 환경에 대해 감사한 일, '친절'에는 오늘 내가 남에게 친절하게 대했던 일을 적습니다.

　행복감이 높은 사람들은 자아존중감정(스스로를 칭찬하고 높임)과 타인에 대한 긍정적인 감정, 그리고 타인에 대한 친절함 또한 잦습니다. 자신의 생활 속에 숨어 있는 이러한 포지티브 리스트를 발견하고 글로 작성하여 재확인함으로써, 일상생활의 부정적인 요소들을 긍정적인 방향으로 전환시키며 단주 실행에 있어서도 힘이 될 수 있습니다.

포지티브 카드

작성예

좋아요	감사	친절
1월 3일 아이가 떼를 썼을 때 예전에는 나도 같이 짜증을 내고 아이를 혼냈는데 오늘은 아이에게 "속상했어?"라고 아이의 기분을 헤아리는 말을 먼저 건넸다.	사랑스러운 아이들과 함께 잠이 들고 아침에 눈을 뜰 수 있어서 감사하다.	아침 일찍 일어나 아이들의 도시락을 싸고 아침밥을 챙겨주었다.
1월 4일 단주했다.	배앓이가 나아져서 감사하다.	식당을 나설 때 뒷사람을 위해 식당문을 잡아주었다.
1월 5일 부모님께 안부전화를 드렸다.	부모님께서 건강하셔서 감사하다.	부모님 댁에 택배로 고기를 배송주문했다.

포지티브 카드

좋아요	감사	친절

■ 작성 후 느낀 점

포지티브 카드

좋아요	감사	친절

■ 작성 후 느낀 점

포지티브 카드

좋아요	감사	친절

■ 작성 후 느낀 점

포지티브 카드

좋아요	감사	친절

■ 작성 후 느낀 점

미션 22

나를 지배하는 중핵신념을 전환하라
(나의 내면 들여다보기)

작성목적

　알코올 사용장애를 가진 당사자는 부모 중에 알코올 사용장애인 이가 적지 않습니다. 부모가 습관적으로 음주하는 경우 아이는 적절한 보호와 케어를 받기가 어려워집니다. 우리가 세상을 바라보는 기본적인 시점은 부모와의 상호작용과 양육환경으로부터 영향을 받습니다. 적절한 양육을 받지 못하는 아이들은 성장하면서 자신의 존재 가치에 대해 의문을 느끼거나, 위기가 닥쳐왔을 때 특히 부정적인 자기관이 강화됩니다.

　중핵신념은 인지행동요법의 가장 심층적인 자기개념으로서 평상시의 그 사람의 생각과 행동 모두에 영향을 미칩니다. 내면의 나를 치유하기 위해서 우리는 자신의 중핵신념을 특정하고 그것에 맞서야 합니다. 이 워크시트에서는 자신의 중핵신념을 발견하고 그것을 자신에게 있어 더욱 적응적이고 이로운 방향으로 전환시키는 연습을 합니다.

나의 내면 들여다보기

작성예

- 중핵신념의 3대 영역

나는 무능력하다.	나는 사랑받지 못한다.	나는 가치가 없다.
나는 패배자이다. 나는 형편없다. 나는 제대로 하는 일이 없다. 나는 무력하다. 나는 약하다. 나는 희생자이다. 나에게는 믿을 수 있는 것이 없다. 모든 것이 내 능력 밖이다. 나는 결함이 있다. 나는 수준이 낮다.	나는 호감을 갖기 어려운 사람이다. 아무도 나를 좋아하지 않는다. 나는 매력적이지 않다. 아무도 나를 필요로 하지 않는다. 모두 나를 떠나갈 것이다. 어차피 나는 버려질 것이다. 나는 항상 고독하다. 나는 나쁜 사람이다. 아무도 내 걱정을 안 해준다.	나는 가치 없는 인간이다. 나를 받아줄 곳은 아무 데도 없다. 나는 쓸모 없는 인간이다. 나는 무의미한 존재이다. 나는 부도덕하다. 나는 사악하다. 나는 살 가치가 없다. 나는 위험한 인간이다. 나는 유해한 인간이다.

- 내가 생각하는 나의 중핵신념

나는 가치 없는 인간이다. / 나는 사랑을 받을 자격이 없다. / 나는 혼자이다.

- 나의 중핵신념의 손해와 이익

손해	이익
가끔 외롭다. 누군가와 편하게 이야기를 나눌 수 없다.	사람들과 부딪히지 않고 인간관계에서 오는 스트레스를 피할 수 있다.

- 나의 중핵신념과 모순되는 증거, 경험

나의 가족들이 있다. 나를 잊었을 것이라 생각했던 사람들에게서 오랜만에 연락을 받은 적이 있다. 그리고 그 사람들은 진정으로 나를 응원해주었다.

- 더욱 적응적인 새로운 나의 중핵신념

나는 소중한 사람이다. / 나는 사랑받을 자격이 있는 사람이다. / 나에게는 나를 사랑해주는 사람이 있다.

- 새로운 나의 중핵신념의 손해와 이익

손해	이익
상대방과 관계가 나빠지지 않도록 조심해야 한다. 다른 사람들에게 신경을 써야 한다.	힘들 때 누군가에게 기댈 수 있다. 나 혼자서 헤쳐 나가는 것보다 불안하고 외롭지 않을 것이다. 마음이 따뜻할 것이다.

나의 내면 들여다보기

■ 중핵신념의 3대 영역

나는 무능력하다.	나는 사랑받지 못한다.	나는 가치가 없다.
나는 패배자이다. 나는 형편없다. 나는 제대로 하는 일이 없다. 나는 무력하다. 나는 약하다. 나는 희생자이다. 나에게는 믿을 수 있는 것이 없다. 모든 것이 내 능력 밖이다. 나는 결함이 있다. 나는 수준이 낮다.	나는 호감을 갖기 어려운 사람이다. 아무도 나를 좋아하지 않는다. 나는 매력적이지 않다. 아무도 나를 필요로 하지 않는다. 모두 나를 떠나갈 것이다. 어차피 나는 버려질 것이다. 나는 항상 고독하다. 나는 나쁜 사람이다. 아무도 내 걱정을 안 해준다.	나는 가치 없는 인간이다. 나를 받아줄 곳은 아무 데도 없다. 나는 쓸모 없는 인간이다. 나는 무의미한 존재이다. 나는 부도덕하다. 나는 사악하다. 나는 살 가치가 없다. 나는 위험한 인간이다. 나는 유해한 인간이다.

■ 내가 생각하는 나의 중핵신념

■ 나의 중핵신념의 손해와 이익

손해	이익

■ 나의 중핵신념과 모순되는 증거, 경험

■ 더욱 적응적인 새로운 나의 중핵신념

■ 새로운 나의 중핵신념의 손해와 이익

손해	이익

나의 내면 들여다보기

■ 중핵신념의 3대 영역

나는 무능력하다.	나는 사랑받지 못한다.	나는 가치가 없다.
나는 패배자이다. 나는 형편없다. 나는 제대로 하는 일이 없다. 나는 무력하다. 나는 약하다. 나는 희생자이다. 나에게는 믿을 수 있는 것이 없다. 모든 것이 내 능력 밖이다. 나는 결함이 있다. 나는 수준이 낮다.	나는 호감을 갖기 어려운 사람이다. 아무도 나를 좋아하지 않는다. 나는 매력적이지 않다. 아무도 나를 필요로 하지 않는다. 모두 나를 떠나갈 것이다. 어차피 나는 버려질 것이다. 나는 항상 고독하다. 나는 나쁜 사람이다. 아무도 내 걱정을 안 해준다.	나는 가치 없는 인간이다. 나를 받아줄 곳은 아무 데도 없다. 나는 쓸모 없는 인간이다. 나는 무의미한 존재이다. 나는 부도덕하다. 나는 사악하다. 나는 살 가치가 없다. 나는 위험한 인간이다. 나는 유해한 인간이다.

■ 내가 생각하는 나의 중핵신념

■ 나의 중핵신념의 손해와 이익

손해	이익

■ 나의 중핵신념과 모순되는 증거, 경험

■ 더욱 적응적인 새로운 나의 중핵신념

■ 새로운 나의 중핵신념의 손해와 이익

손해	이익

나의 내면 들여다보기

■ 중핵신념의 3대 영역

나는 무능력하다.	나는 사랑받지 못한다.	나는 가치가 없다.
나는 패배자이다. 나는 형편없다. 나는 제대로 하는 일이 없다. 나는 무력하다. 나는 약하다. 나는 희생자이다. 나에게는 믿을 수 있는 것이 없다. 모든 것이 내 능력 밖이다. 나는 결함이 있다. 나는 수준이 낮다.	나는 호감을 갖기 어려운 사람이다. 아무도 나를 좋아하지 않는다. 나는 매력적이지 않다. 아무도 나를 필요로 하지 않는다. 모두 나를 떠나갈 것이다. 어차피 나는 버려질 것이다. 나는 항상 고독하다. 나는 나쁜 사람이다. 아무도 내 걱정을 안 해준다.	나는 가치 없는 인간이다. 나를 받아줄 곳은 아무 데도 없다. 나는 쓸모 없는 인간이다. 나는 무의미한 존재이다. 나는 부도덕하다. 나는 사악하다. 나는 살 가치가 없다. 나는 위험한 인간이다. 나는 유해한 인간이다.

■ 내가 생각하는 나의 중핵신념

■ 나의 중핵신념의 손해와 이익

손해	이익

■ 나의 중핵신념과 모순되는 증거, 경험

■ 더욱 적응적인 새로운 나의 중핵신념

■ 새로운 나의 중핵신념의 손해와 이익

손해	이익

나의 내면 들여다보기

■ 중핵신념의 3대 영역

나는 무능력하다.	나는 사랑받지 못한다.	나는 가치가 없다.
나는 패배자이다. 나는 형편없다. 나는 제대로 하는 일이 없다. 나는 무력하다. 나는 약하다. 나는 희생자이다. 나에게는 믿을 수 있는 것이 없다. 모든 것이 내 능력 밖이다. 나는 결함이 있다. 나는 수준이 낮다.	나는 호감을 갖기 어려운 사람이다. 아무도 나를 좋아하지 않는다. 나는 매력적이지 않다. 아무도 나를 필요로 하지 않는다. 모두 나를 떠나갈 것이다. 어차피 나는 버려질 것이다. 나는 항상 고독하다. 나는 나쁜 사람이다. 아무도 내 걱정을 안 해준다.	나는 가치 없는 인간이다. 나를 받아줄 곳은 아무 데도 없다. 나는 쓸모 없는 인간이다. 나는 무의미한 존재이다. 나는 부도덕하다. 나는 사악하다. 나는 살 가치가 없다. 나는 위험한 인간이다. 나는 유해한 인간이다.

■ 내가 생각하는 나의 중핵신념

■ 나의 중핵신념의 손해와 이익

손해	이익

■ 나의 중핵신념과 모순되는 증거, 경험

■ 더욱 적응적인 새로운 나의 중핵신념

■ 새로운 나의 중핵신념의 손해와 이익

손해	이익

미션 23

내 안의 어린 나를 치유하라
(편지쓰기)

작성목적

앞서 작성한 '내면의 나 치유하기 - 중핵신념 전환하기'를 통해서 나에게 더욱 적응적이고 이로운 새로운 중핵신념을 발견해 보았습니다. 내면의 나를 치유하는 두 번째 방법은 나에게 편지쓰기입니다. 지금까지 나의 말과 행동과 인생을 지배해온 오래된 나의 중핵신념은 어린 시절의 나의 경험이나 체험과 관련된 것일 수 있습니다. 이 워크시트 작성을 통해 힘들고 외로웠던 어린 시절의 나를 다시 떠올리며, 위로의 말을 건네고 치유됨을 목적으로 합니다.

편지쓰기

작성예

- 오래된 나의 중핵신념은

> 나는 가치 없는 인간이다.
> 나는 사랑을 받을 자격이 없다.
> 나는 혼자이다.

- 그 중핵신념과 관련된 어린 시절의 기억은

> 칭찬을 받고 싶었다.
> 어렸을 때 술에 취한 아버지가 무서워서 벌벌 떨었다.
> 나는 항상 혼자였다. 가족들이 있지만 집에서 함께 있어도 외로웠다.

- 기억 속 어린 시절의 나에게 편지 써서 읽어주기

> 정말 많이 무서웠지? 혼자서 너무 힘들었을 텐데 곁에서 지켜주지 못해서 미안해.
> 네 잘못이 아니야. 너는 마음도 따뜻하고 항상 남을 위할 줄 아는 착한 아이야.
> 너는 누구보다 소중하고 사랑받을 수 있는 사람이야.
> 넌 혼자가 아니야. 앞으로 네 인생에는 너를 아껴주는 많은 사람들이 다가올 거야.

- 나에게 보다 적응적인 새로운 중핵신념은

> 나는 소중한 사람이다.
> 나는 사랑 받고 있다.
> 나는 유능한 사람이다.

- 새로운 중핵신념을 가진 나의 모습 이미지화 해보기

> 나는 더 이상 인간관계 속에서 숨지 않고 쉽게 좌절하지도 않는다.
> 나는 나를 지킬 줄 알고 또한 나의 사랑하는 사람들도 지킬 수 있다.
> 나는 항상 자신감이 있고 그러면서도 겸손하다.
> 나를 사랑하는 많은 사람들이 내 곁에 있다. 그들은 나를 필요로 한다.

- 새로운 중핵신념을 유지, 강화시키기 위해 할 수 있는 것들

> 사람들과의 인간관계를 너무 두려워하거나 피하지 않고 맞선다.
> 나를 사랑해주는 사람들을 나 또한 아껴준다.
> 내가 누군가를 위해 할 수 있는 일이 무엇인지 생각하고 실천한다.
> 지치지 않도록 적당히 노력하고 피곤하면 휴식을 취한다.

편지쓰기

■ 오래된 나의 중핵신념은

■ 그 중핵신념과 관련된 어린 시절의 기억은

■ 기억 속 어린 시절의 나에게 편지 써서 읽어주기

■ 나에게 보다 적응적인 새로운 중핵신념은

■ 새로운 중핵신념을 가진 나의 모습 이미지화 해보기

■ 새로운 중핵신념을 유지, 강화시키기 위해 할 수 있는 것들

편지쓰기

■ 오래된 나의 중핵신념은

■ 그 중핵신념과 관련된 어린 시절의 기억은

■ 기억 속 어린 시절의 나에게 편지 써서 읽어주기

■ 나에게 보다 적응적인 새로운 중핵신념은

■ 새로운 중핵신념을 가진 나의 모습 이미지화 해보기

■ 새로운 중핵신념을 유지, 강화시키기 위해 할 수 있는 것들

편지쓰기

■ 오래된 나의 중핵신념은

■ 그 중핵신념과 관련된 어린 시절의 기억은

■ 기억 속 어린 시절의 나에게 편지 써서 읽어주기

■ 나에게 보다 적응적인 새로운 중핵신념은

■ 새로운 중핵신념을 가진 나의 모습 이미지화 해보기

■ 새로운 중핵신념을 유지, 강화시키기 위해 할 수 있는 것들

편지쓰기

- 오래된 나의 중핵신념은

- 그 중핵신념과 관련된 어린 시절의 기억은

- 기억 속 어린 시절의 나에게 편지 써서 읽어주기

- 나에게 보다 적응적인 새로운 중핵신념은

- 새로운 중핵신념을 가진 나의 모습 이미지화 해보기

- 새로운 중핵신념을 유지, 강화시키기 위해 할 수 있는 것들

미션 24

내가 가지고 누리고 있는 것들을 인식하라
(내가 가진 것들 재발견하기)

작성목적

평생 동안 약을 먹어야 하거나, 치료를 받지 않으면 살 수가 없는 사람들이 있습니다. 우리가 너무도 자연스럽게 들이쉬는 이 공기가, 높은 산에 오른 이들에게는 무엇보다 간절할 것입니다.

일상생활 속에서 다양한 문제가 계속될 때, 우리의 생각과 사고는 긍정적인 면보다 부정적인 면에 주목하기 쉽습니다. 따라서 이미 우리가 가지고 있는 또는 소유하고 있는 결코 당연하지 않는 그 소중한 것들을 의식하기가 어려워집니다. 음주가 생활의 중심이 되고 또한 사고의 중심이 되면 가족의 고통과 망가진 일상생활 또한 눈에 들어오지 않고, 그들의 소중함을 망각하게 됩니다. 오히려 주위 사람이나 내가 처한 환경 모든 것에 대해 부정적인 생각과 감정이 주도적입니다. 감사는 긍정적인 생각입니다. 긍정적인 생각은 긍정적인 감정으로 직결됩니다. 긍정적인 생각과 감정을 통해 자신과 자신의 생활을 돌아볼 수 있습니다.

이 워크시트에서는 음주 또는 그와 관련된 문제로 인해 평소에 인식하지 못하였던 내가 가진 소중한 것들을 확인하고 재발견함으로써, 긍정적인 감정과 사고를 늘립니다. 재산, 신체, 건강, 친구, 가족, 사람들, 기억, 그리고 희망과 꿈에 이르기까지 우리가 이미 소유하고 있으면서도 그 소중함에 대해 인식하지 못하던 것들을 머릿속으로 떠올리고, 그 이유를 적습니다.

내가 가진 것들 재발견하기

작성예

날짜	잃고 싶지 않은 것	그것이 나에게 중요하고 필요한 이유
3/4	가족	그들이 없으면 나는 살 수가 없을 것이다.
3/5	밤하늘의 별	내 마음을 정화시켜 준다.
3/6	건강	밥도 제대로 못 먹게 되고 싶지 않다.
3/7	두 다리	걷고 달릴 수 있기 때문에.
3/8	시간	시간은 내 편일 것이라 믿기 때문에.
3/9	적당한 돈	살아가는 데 필요하니까.

내가 가진 것들 재발견하기

날짜	잃고 싶지 않은 것	그것이 나에게 중요하고 필요한 이유

내가 가진 것들 재발견하기

날짜	잃고 싶지 않은 것	그것이 나에게 중요하고 필요한 이유

내가 가진 것들 재발견하기

날짜	잃고 싶지 않은 것	그것이 나에게 중요하고 필요한 이유

내가 가진 것들 재발견하기

날짜	잃고 싶지 않은 것	그것이 나에게 중요하고 필요한 이유

인지행동치료 워크시트 복사용

나의 마지막 이미지 해보기

만약 단주하지 않는다면 나의 알코올 사용장애는 더욱더 악화될 수 있으며, 본래의 내 수명보다도 젊은 나이에 나는 삶의 마지막 순간을 맞이하게 될지도 모릅니다. 단주하지 않고 계속 술을 마실 경우 나의 건강, 재정, 인간관계, 그리고 내 인생의 상황이 개선될 확률은

%

술을 끊지 않고 결국 술에 취한 채 삶의 마지막 순간을 맞이하는 내 모습을 구체적으로 상상해 보자. 나는 어떤 모습인가… 누가 생각날 것인가… 무엇이 생각날 것인가… 내 인생은 만족스러웠는가…

■ 나의 모습	■ 떠오르는 생각

알코올 사용장애에서 벗어나지 못하고, 술에 취한 채 삶의 마지막을 맞이한 나는 누군가에게 마지막 말조차 남기지 못하였다. 내 삶의 마지막 순간에 나는 누구에게 무슨 말을 하고 싶을까? 글로 적어보자.

지금까지 상상해온 일들이 몇 달 후, 또는 몇 년 후에 현실이 되지 않을 수 있도록 할 수 있는 방법은

그렇다면…
반대로 이번에는 내가 단주에 성공했을 때
나의 삶이 어떻게 바뀔 것인지에 상상해봅니다.

단주할 경우 나의 건강, 재정, 인간관계, 그리고 내 인생의 상황이 개선될 확률은

%

지금 술을 끊고 늙어서 삶의 마지막을 맞이하는 내 모습을 아주 구체적으로 상상해보자. 나는 어떤 모습인가… 누가, 무엇이 생각날 것인가… 내 인생은 만족스러웠는가…

■ 나의 모습	■ 떠오르는 생각

나는 인생의 어느 시점에서 알코올 사용장애를 경험하였으나 극복하였고, 그 후로는 나의 삶을 충실히 살아내고, 이내 생의 마지막 순간을 맞이하게 된다. 그때 나는 누구에게 무슨 말을 하고 싶을까? 글로 적어보자.

이것이 언젠가 나에게 현실이 될 수 있도록 하기 위한 방법은

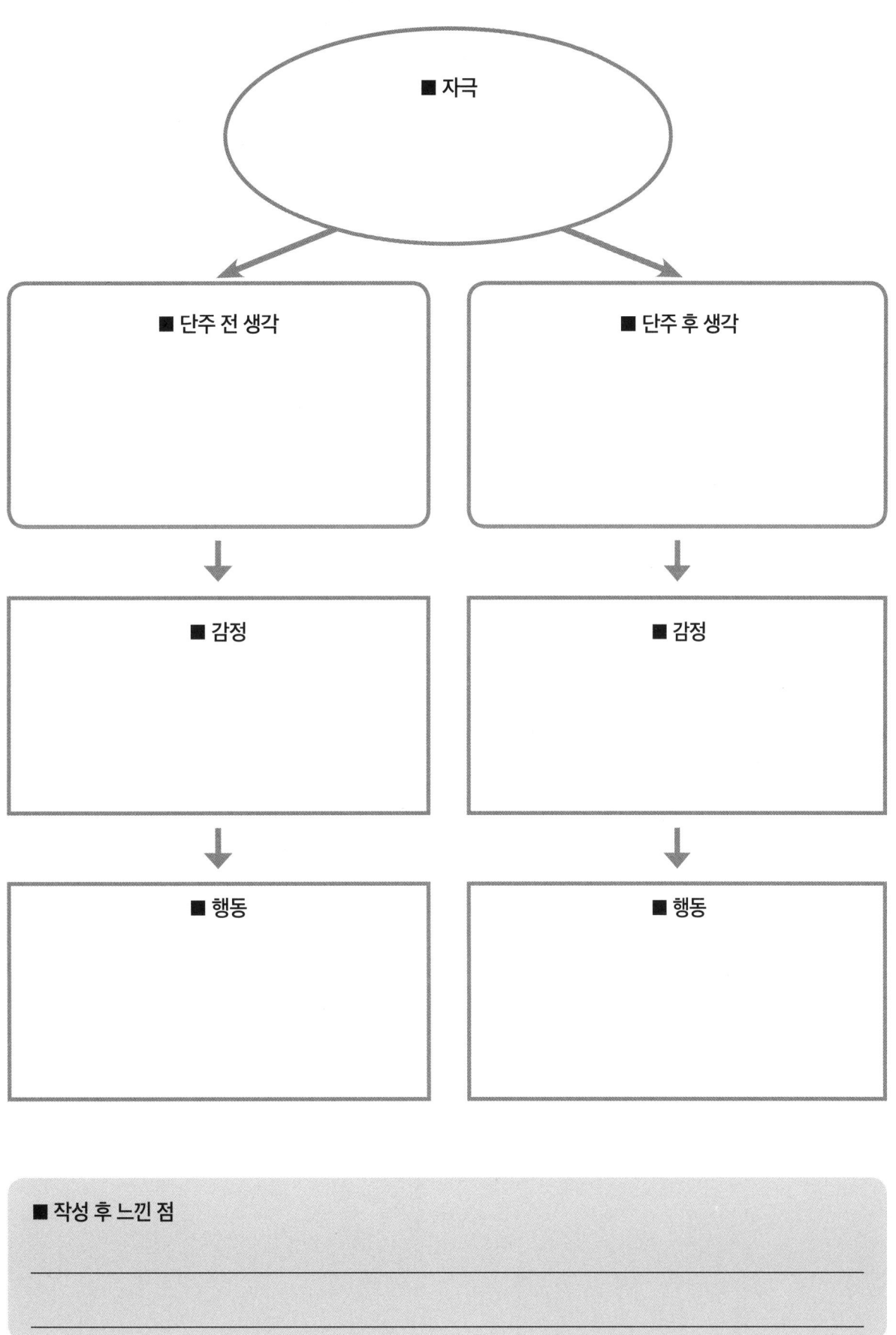

행동실험

■ 가설

■ 실험실시일, 방법

■ 검증하고 싶은 내용

■ 실험결과

■ 고찰, 느낀 점

이미지법

현재 나의 음주빈도와 양은 어느 정도입니까? 그렇다면 '그림 2. 알코올 사용장애의 진행단계'에서 볼 때 지금의 나는 어디에 속합니까?

만약 여기에서 단주를 한다면 혹은 지금 이대로 평생 동안 음주를 계속하게 된다면 내 인생은 어떻게 달라질 것인지 상상하고 적어봅시다.

	음주	단주
5년 후		
10년 후		
20년 후		

만약 내가 단주에 성공한다면 나에게는 어떠한 변화가 일어날까요? 성격, 일상생활, 가족, 친구, 돈, 직장 등 다양한 면을 머릿속으로 먼저 떠올려본 후 글로 적어봅니다. 지금처럼 술을 마시기 전의 예전을 떠올려도 좋습니다.

손익분석

음주의 이득	음주의 손해

■ 작성 후 느낀 점

음주일기 & 활동기록표

* 그 시간의 활동과 음주갈망도(0 : 전혀 마시고 싶지 않음 / 100 : 마시지 않으면 견딜 수 없음)를 기록

날짜							
6~7시							
7~8시							
8~9시							
9~10시							
10~11시							
11~12시							
12~13시							
13~14시							
14~15시							
15~16시							
16~17시							
17~18시							
18~19시							
19~20시							
20~21시							
21~22시							
22~23시							
23~24시							
24~0시							
0~1시							
1~2시							
2~3시							
3~4시							
4~5시							
5~6시							
음주량							

음주일기 & 활동기록표 검토하기

1. 음주한 날의 생활패턴은 어떠한가? 음주의 계기가 된 어떤 일(활동, 기분)이 있었는가?

   _____
   _____

2. 음주하지 않은 날의 생활패턴은 어떠하였는가? 어떤 활동을 하였는가?

   _____
   _____

3. 다음 일주일 동안 2.의 활동을 더욱 늘리거나 개선시킬 수 있는 구체적인 방법은 무엇인가?

   _____
   _____

4. 지난 일주일간 내가 했던 활동 외에 단주에 도움이 될 만한 활동은 무엇인가? (자신은 물론 주위 사람에게도 유익하다면 더욱더 좋다)

   _____
   _____
   _____

5. 다음 일주일 이내에 4.의 활동을 실행할 수 있는 구체적인 방법은 무엇인가? 그 방법은 구체적으로 언제 실행할 수 있는가?

   _____
   _____
   _____

■ 작성 후 느낀 점

_____
_____

상황분석 & 발코니법

■ 문제상황

■ 문제상황에서 내가 느낀 생각과 그에 따른 감정

생각

$\Rightarrow$

감정

※ **다음의 구문을 읽으면서 상상해주십시오.**

나는 지금 2층의 발코니에 서 있습니다. 발코니에서는 위에서 일어난 문제상황의 모든 광경이 한눈에 들어옵니다. 나는 그 자리에 있었던 당사자가 아닌 제3자로서 이 모든 상황을 객관적으로 보고 판단합니다.

■ 발코니에서 바라본 문제상황

■ 문제상황이 일어난 이유에 대한 책임

책임의 소재(%)	그 이유

■ 문제상황에 대한 지금의 생각과 감정

생각

$\Rightarrow$

감정

■ 문제상황으로부터 배운 점

■ 문제상황의 재발방지를 위한 문제해결법

■ 위의 문제해결법을 실행하는 데 도움이 될 수 있는 것

브레인 스토밍 & 문제해결법

■ 해결하고 싶은 문제

■ 결과 검토

문제에 대한 최악의 결과	문제에 대한 최선의 결과

■ 브레인 스토밍(해결방법과 그 손익)

	손 :
	익 :
	손 :
	익 :

■ 구체적인 플랜

플랜A(가장 현실적이고 유익한 방법)
플랜B(플랜A 실패 시 실행할 방법)

■ 피드백

플랜A의 실행결과와 느낀 점
플랜B의 실행결과와 느낀 점

단주기록표

(단주 : O / 음주 : X)

■ 자신에게 줄 선물

단주 1달	단주 2달	단주 3달

■ 음주충동이 올 때 자신에게 들려줄 말

■ 단주에 실패했을 때 자신에게 들려줄 말

스케줄법

목표	날짜 →			
	6시			
	7시			
	8시			
	9시			
	10시			
	11시			
	12시			
	13시			
	14시			
	15시			
	16시			
	17시			
	18시			
	19시			
	20시			
	21시			
	22시			
	23시			
	24시			
	1시			
	2시			
	3시			
	4시			
	5시			
좋았던 점				
개선할 점 * 개선할 수 있는 방법				

이완요법 실시 횟수 기록표

* 이완요법은 기록표를 작성하면서 매일 실시하도록 합니다.

날짜							
실시 횟수							

날짜							
실시 횟수							

날짜							
실시 횟수							

날짜							
실시 횟수							

날짜							
실시 횟수							

날짜							
실시 횟수							

날짜							
실시 횟수							

날짜							
실시 횟수							

행동활성화 ① 즐거움과 달성감

1. 즐거움을 느낄 수 있는 활동 계획하기

■ 예전에 실제로 해본 적이 있거나 또는 해보고 싶은 즐거움을 느낄 수 있는 활동 :

○ 일주일 안에 할 수 있는 활동 :

- 활동개시일 :

- 예상되는 장애 :

- 장애에 대한 대책 :

- 달성 후 느낀 점 :

○ 한 달 안에 할 수 있는 활동 :

- 활동개시일 :

- 예상되는 장애 :

- 장애에 대한 대책 :

- 달성 후 느낀 점 :

2. 달성감을 느낄 수 있는 활동 계획하기

■ 예전에 실제로 해본 적이 있거나 또는 해보고 싶은 달성감을 느낄 수 있는 활동 :

○ 일주일 안에 할 수 있는 활동 :

- 활동개시일 :

- 예상되는 장애 :

- 장애에 대한 대책 :

- 달성 후 느낀 점 :

○ 한 달 안에 할 수 있는 활동 :

- 활동개시일 :

- 예상되는 장애 :

- 장애에 대한 대책 :

- 달성 후 느낀 점 :

행동활성화 ② 오감의 즐거움

■ 내가 오늘 발견한 오감의 즐거움은?

■ 작성 후 느낀 점

감정과 이성의 롤 플레이

■ 작성 후 느낀 점

사고분석표

■ 문제상황

■ A 사고(문제상황의 원인이라고 여겨지는 나의 생각)

■ B 사고(A 사고보다 더욱 나에게 유익하고 적응적인 생각)

■ A 사고와 B 사고에 대한 검토

① A 사고의 장단점은? ○ 장점 : ○ 단점 :	② B 사고의 장단점은? ○ 장점 : ○ 단점 :

③ A 사고의 이유, 근거는?(사실만)	④ B 사고의 이유, 근거는?(사실만)

⑤ 위의 ③과 ④를 「하지만」으로 연결하여 새로운 생각을 만들어보기

⑥ ○○(예를 들면 친구, 존경하는 사람, 신)라면 어떻게 대처했을까?	⑦ 친구가 나에게 상담해온다면, 무엇이라고 어드바이스할 것인가?

■ 작성 후 느낀 점

왜곡된 인지

■ 긍정격하 : 긍정적인 경험을 거부. '예전에 잠깐 단주한 적도 있었지만 다시 마셨어. 나에게 단주는 무리야.'	
■ 감정적 추리 : 느낌에만 의존하여 사실을 믿음. '내가 단주에 성공할 거라고 느껴본 적이 없어. 그러니까 단주는 안 돼.'	
■ 낙인찍기 : 자신은 근본적으로 결점과 실수를 가진 인간이라고 스스로 규정. '알코올 사용장애는 유전병이야. 나는 어차피 알코올 사용장애가 될 운명이었어.'	
■ 극대화/극소화 : 안 좋은 측면을 극대화, 좋은 측면을 최소화하여 인식. '잘 되는 일이라곤 하나도 없어. 그냥 술이라도 맘껏 마시자.'	
■ 독심술 : 타인의 생각을 부정적으로 추측. '어차피 내 가족들도 내가 구제불능이라고 생각하고 있을 거야.'	
■ 개인화 : 모든 책임을 자신 또는 타인에게 돌림. '부모님 때문에 내 인생이 망가졌어.'	
■ 최악의 상황을 상상 : 최악의 상황을 상상하여 아예 시작하지 않거나 도중에 포기함. '어차피 술은 못 끊어. 그러니까 괜히 고생하면서 단주할 필요도 없어.'	
■ 예언자적 사고 : 부정적 결과의 예측. '어차피 나는 단주에 실패할 거야.'	

■ 작성 후 느낀 점
_____
_____

액션플랜

작성예

■ 목표

■ 액션(목표달성을 위한 구체적인 방법)

■ 개시시기

■ 예상되는 장애와 장애 극복 방략

예상되는 장애	장애 극복 방략

■ 액션 달성 후 느낀 점, 개선할 점

사고스톱법

■ 실천해보고 싶은 사고스톱법, 실천한 날짜와 상황, 느낀 점

코핑카드

음주몽 대책 세우기

■ 음주몽을 꾼 날짜와 내용, 꿈을 꾼 후 들었던 생각, 감정, 행동

○ 꿈을 꾼 날짜와 내용

○ 생각과 기분

○ 행동과 그 결과

* 위의 생각, 감정, 행동이 나에게 음주재발의 가능성을 높인다고 생각되는 경우
→ 워크시트 '사고분석표' 작성하기

■ 음주몽 후 음주재발의 가능성을 차단하기 위한 구체적인 방법 생각해두기

재발의 신호 체크하기

1. 자신이 음주문제를 가지고 있었을 때, 또는 예전에 음주가 재발하였을 때의 행동이나 상황이 어떠하였는지 떠올리며 자신의 의존행동 리스트를 만들어봅시다.

■ 나의 의존행동 리스트

2. 위에서 작성한 리스트 중 지금 현재, 자신에게 들어맞는 항목은 무엇입니까?

3. 나에게 음주재발의 위험신호를 보내고 있는 2.의 항목을 개선하여 단주를 계속하기 위해 내가 해야 할, 또는 내가 할 수 있는 행동은 무엇입니까?

4. 위 3.의 행동을 실행에 옮기기 위한 액션플랜을 작성해봅시다.

→ 워크시트 '액션플랜'으로

포지티브 카드

좋아요	감사	친절

■ 작성 후 느낀 점

나의 내면 들여다보기

- **중핵신념의 3대 영역**

나는 무능력하다.	나는 사랑받지 못한다.	나는 가치가 없다.
나는 패배자이다. 나는 형편없다. 나는 제대로 하는 일이 없다. 나는 무력하다. 나는 약하다. 나는 희생자이다. 나에게는 믿을 수 있는 것이 없다. 모든 것이 내 능력 밖이다. 나는 결함이 있다. 나는 수준이 낮다.	나는 호감을 갖기 어려운 사람이다. 아무도 나를 좋아하지 않는다. 나는 매력적이지 않다. 아무도 나를 필요로 하지 않는다. 모두 나를 떠나갈 것이다. 어차피 나는 버려질 것이다. 나는 항상 고독하다. 나는 나쁜 사람이다. 아무도 내 걱정을 안 해준다.	나는 가치 없는 인간이다. 나를 받아줄 곳은 아무 데도 없다. 나는 쓸모 없는 인간이다. 나는 무의미한 존재이다. 나는 부도덕하다. 나는 사악하다. 나는 살 가치가 없다. 나는 위험한 인간이다. 나는 유해한 인간이다.

- **내가 생각하는 나의 중핵신념**

- **나의 중핵신념의 손해와 이익**

손해	이익

- **나의 중핵신념과 모순되는 증거, 경험**

- **더욱 적응적인 새로운 나의 중핵신념**

- **새로운 나의 중핵신념의 손해와 이익**

손해	이익

편지쓰기

■ 오래된 나의 중핵신념은

■ 그 중핵신념과 관련된 어린 시절의 기억은

■ 기억 속 어린 시절의 나에게 편지 써서 읽어주기

■ 나에게 보다 적응적인 새로운 중핵신념은

■ 새로운 중핵신념을 가진 나의 모습 이미지화 해보기

■ 새로운 중핵신념을 유지, 강화시키기 위해 할 수 있는 것들

내가 가진 것들 재발견하기

날짜	잃고 싶지 않은 것	그것이 나에게 중요하고 필요한 이유

참고인용문헌

참고인용문헌

1. https://www.who.int/news-room/fact-sheets/detail/alcohol

2. 2022년 알코올 통계자료집. 보건복지부, 한국건강증진개발원

3. 2021년 사망원인통계결과 보도자료. 통계청

4. Association between alcohol intake and the risk of pancreatic cancer:a dose–response meta-analysis of cohort studies. Ye-Tao Wang, Ya-Wen Gou, Wen-Wen Jin, Mei Xiao and Hua-Ying Fang. BMC Cancer. 2016, 16, 212

5. Reducing Alcohol Use for Cancer Prevention. Neal D. Freedman, Christian C. Abnet, JAMA Netw Open. 2022, 5, 8

6. Global burden of cancer in 2020 attributable to alcohol consumption:a population-based study. Harriet Rumgay, Kevin Shield, Hadrien Charvat, Pietro Ferrari, Bundit Sornpaisarn, Isidore Obot, Farhad Islami, Valery E P P Lemmens, Jürgen Rehm, Isabelle Soerjomataram. Lancet Oncol. 2021, 22:1071–80

7. Alcohol intake and stomach cancer risk in Japan: A pooled analysis of six cohort studies. Takashi Tamura, et al. Cancer Sci. 2022, Jan, 113(1):261–276

8. お酒を飲んで、がんになる人、ならない人. 横山 顕. 星和書店, 2017

9. 알코올의존증 환자의 제2알데히드탈수소 효소 유전자형 빈도. 이수정, 백인호. 가톨릭대학 의학부 논문집 제48집 제2호 1995:407-417

10. Alcohol drinking and risks of total and site - specific cancers in China: A 10-year prospective study of 0.5 million adults. Pek Kei Im, Iona Y. Millwood, Christiana Kartsonaki, Yiping Chen, Yu Guo, Huaidong Du, Zheng Bian, Jian Lan, Shixian Feng, Canqing Yu, Jun Lv, Robin G. Walters, Liming Li, Ling Yang, Zhengming Chen, and The China Kadoorie Biobank (CKB) Collaborative Group. Int J Cancer. 2021, 149(3):522–534

11. OECD Health Statistics 2021

12. ALDH2, ADH1B, and ADH1C genotypes in Asians:a literature review. Mimy Y, Susan E, Tamara L. Alcohol research & Health, 2007, 30:22-27

13. アルコール依存症とその予備軍―内科医・産業医・関連スタッフのための 猪野 亜朗, 渡辺 省三. 永井書店, 2004

14. Drug harms in the UK:a multicriteria decision analysis. David J Nutt, Leslie A King, Lawrence D Phillips. The Lancet, Published online November 1, 2010

15. DSM-IV-TR 精神疾患の分類と診断の手引. 米国精神医学会(著), 高橋 三郎, 大野 裕, 染矢 俊幸(訳). 医学書院, 2003

16. クリニックで診るアルコール依存症 減酒外来・断酒外来. 倉持 穣. 2019. 星和書店

17. Genome-wide association of individual vulnerability with alcohol-associated liver disease: A Korean genome and epidemiology study. Kwang Yoon Kim, Jung Oh Kim, Young-Sang Kim, Ja-Eun Choi, Jae-Min Park, Kunhee Han, Da-Hyun Park, Yon Chul Park, Bom Taeck Kim, Kyung-Won Hong. Hepatology, 75(2):391-402, 2022-02

18. Moderate alcohol consumption as risk factor for adverse brain outcomes and cognitive decline: longitudinal cohort study. Anya Topiwala, Charlotte L Allan, Vyara Valkanova, Enikö Zsoldos, Nicola Filippini, Claire Sexton, Abda Mahmood, Peggy Fooks, Archana Singh-Manoux, Clare E Mackay, Mika Kivimäki, Klaus P Ebmeier. BMJ 2017;357:j2353

19. 薬物・アルコール依存症からの回復支援ワークブック. 松本 俊彦, 今村 扶美, 小林 桜児. 金剛出版, 2011
20. https://monographs.iarc.who.int/list-of-classifications/ accessed in 2022, 11, 16
21. https://monographs.iarc.who.int/wp-content/uploads/2019/07/Classifications_by_cancer_site.pdf
22. https://blog.naver.com/asanmh450/222109382660 아산병원 공식블로그
23. アルコール依存症の短期予後と長期予後 -断酒会員の追跡調査から-. 猪野亜朗. 精神神経誌. 93:334-358, 1991
24. 慢性アルコール中毒の長期予後の研究. 田中孝雄. 慶應医学. 57:733-748, 1980
25. https://www.index.go.kr/unify/idx-info.do?idxCd=8016 국가지표체계
26. e-Stat 政府統計の総合窓口, 国民健康・栄養調査 73 https://www.e-stat.go.jp/dbview?sid=0003223916
27. 2020 국민건강통계. 보건복지부 질병관리청
28. 수면위생법. 대한수면학회 https://www.sleepmed.or.kr/content/info/hygiene.html
29. 睡眠障害の対応と治療ガイドライン 睡眠障害の診断・治療ガイドライン研究会第2版. 山内 真. じほう, 2012
30. 不眠症に対する認知行動療法マニュアル. 日本睡眠学会教育委員会. 2020. 金剛出版
31. アンガーマネジメント入門. 安藤俊介. 朝日文庫, 2018
32. Cancer research UK. Alcohol and cancer. https://www.cancerresearchuk.org/about-cancer/causes-of-cancer/alcohol-and-cancer?_gl=1*1lh46ba*_ga*MTA1NTk0MzkxNC4xNjY4NTU2MzM0*_ga_58736Z2GNN*MTY2ODc2ODk2My4yLjEuMTY2ODc2OTAwMi41NC4wLjA.&_ga=2.246721095.236874915.1668768963-1055943914.1668556334
33. Cancer Council Victoria. How alcohol causes cancer. https://www.cancervic.org.au/preventing-cancer/limit-alcohol/how-alcohol-causes-cancer
34. Red wine consumption not associated with reduced risk of colorectal cancer. Chun Chao, Reina Haque, Bette J Caan, Kwun-Yee T Poon, Hung-Fu Tseng, Virginia P Quinn. Nutrition and Cancer. 2010;62(6):849-55.
35. Intake of Common Alcoholic and Non-Alcoholic Beverages and Breast Cancer Risk among Japanese Women: Findings from the Japan Collaborative Cohort Study. Siamala Sinnadurai, Satoe Okabayashi, Takashi Kawamura, Mitsuru Mori, Nirmala Bhoo-Pathy, Nur Aishah Taib, Shigekazu Ukawa, Akiko Tamakoshi, The JACC Study Group. Asian pacific journal of cancer prevention, Volume 21, Issue 6 June 2020, 1701-1707
36. Professional Education: The Psychopathology of Denial. Anderson, Daniel J. Hazelden, Minesota, USA, 1981
37. WHO. 알코올 정보시스템 GISAH(Global Information System on Alcohol and Health)
38. Esophageal cancer and aldehyde dehydrogenase-2 genotypes in Japanese males. Yokoyama A, Muramatsu T, Ohmori T, et al. Cancer Epidemiol Biomarkers Prev 5:99-102, 1996
39. 高機能アルコール依存症を理解する. Sarah Allen Benton(著), 伊藤真理, 会津亘, 水澤寧子(訳), 星和書店, 2018
40. 우리나라 알코올중독 치료현황의 이해를 위한 기술적 연구, 카톨릭대학교 사회복지연구소, 7,77-110, 2002
41. 認知療法全技法ガイド―対話とツールによる臨床実践のために. Robert L. Leahy(著), 伊藤 絵美, 佐藤 美奈子(訳). 星和書店, 2006
42. 認知行動療法実践ガイド:基礎から応用まで 第2版 -ジュディス・ベックの認知行動療法テキスト. Judith Beck(著), 伊藤 絵美(訳). 星和書店, 2015

43. ケアする人も楽になる 認知行動療法入門. 伊藤 絵美. 医学書院, 2011

44. 건강위험요인의 사회경제적 비용연구:2015-2019년을 대상으로. 건강보험공단 건강보험연구원 정책보고서. 이선미, 김경아, 라규원

45. マインドフルネス & スキーマ療法 BOOK1. 伊藤 絵美. 医学書院，2016

46. Global alcohol action plan 2022-2030 to strengthen implementation of the global strategy to reduce the harmful use of alcohol. WHO, 2021 https://cdn.who.int/media/docs/default-source/alcohol/alcohol-action-plan/first-draft/global_alcohol_acion_plan_first-draft_july_2021.pdf?sfvrsn=fcdab456_3&download=true

47. 2021년 정신건강 실태조사 결과 발표. 보건복지부 보도자료, 2021년 12월

48. うつと不安の認知療法練習帳. Dennis Greenberger, Christine A. Padesky(著), 大野 裕(訳). 創元社, 2017

49. 알코올리즘 입원치료 프로그램 참가자들의 퇴원 후 경과에 대한 연구. 최성빈, 박병권, 김한오, 원민혜, 손인기, 함웅. J Korean Academy of Addiction Psychiatry. 2006, 10(1):44-50

50. 24주간 추적하는 임상 연구에서 한국인 남자 알코올의존 환자의 비재발률. 강철중, 김성곤, 남궁기, 조동환, 이병욱, 최인근, 최용성, 박성봉, 제영묘, 김현경, 김성연. J Korean Neuropsychiatr Assoc. 2006, 45(1):42-48

51. 인지행동치료를 시행한 입원 알코올리즘 환자들의 퇴원 후 경과에 관한 연구. 이영식, 오세만, 권지란, 이종훈, 민경준, 이길홍. J Korean Academy of Addiction Psychiatry. 1999, 3(2):134-139

52. 알코올중독 환자의 단주 여부에 관한 연구 : 자의입원과 타의입원에 따른 경과 비교. 노유리, 이소현, 이병철, 최인근, 박선희. J Korean Academy of Addiction Psychiatry. 2011, 15(1):22-27

맺는말

■ 상처

어렸을 때 친구들의 집에 놀러가면 친구들 부모님께서는 약속이라도 한 듯이 저에게 같은 질문을 하셨습니다.

"부모님은 뭐 하시니?"

저는 저에게 그러한 질문을 던진 그 어른들에게서 돌아올 반응을 뻔히 알고 있기에 일부러 "여섯 살 때 돌아가셨어요"라고 당당하게 대답하였습니다. 그러면 그들은 어김없이 당황한 표정을 지으면서 더 이상 저에게 질문을 하지 않았습니다.

아버지에 대한 기억은 술 취한 아버지가 무서워서 언니들과 함께 숨어 있던 일, 캄캄한 밤에 술 심부름을 하다가 넘어져 술병을 깨트렸는데 아버지가 때리지 않으셔서 의아해했던 일, 동생과 저를 뒷자리에 태우고 아버지가 자전거를 달리시는 도중 제 슬리퍼 한 짝이 떨어졌는데 아버지가 무서워서 말을 못했던 일, 겨울에 술을 드신 아버지에게 쇠그릇에 하얀 눈을 담아서 갖다드린 일, 그리고 어머니에 대한 폭력입니다.

나이를 먹어가면서 '나도 아버지처럼 빨리 죽을지도 모른다'라는 막연한 두려움이 항상 있었고, 제 나이가 마흔을 넘기면서부터는 '이렇게도 젊을 때 돌아가셨구나'라는 말로 표현할 수 없는 상처가 제 마음에서 터져 나와 어느 해 아버지의 제사 때에 목놓아 울었던 적도 있었습니다. 아이들이 자랄 때에는 '내가 저렇게 어리고 예쁠 때 아버지가 돌아가셨구나'라는 생각과 어린아이로서 당연히 받아야 할 사랑과 관심을 받지 못한 불쌍한 제 자신에 대한 동정심과 이유 없는 우울이 항상 저를 따라 다녔습니다.

■ 아버지

제 형제들과는 다들 여기저기 사는 곳이 다르고 일상생활이 바빠서 자주 이야기를 나누지는 못

합니다. 그런데 이 책을 집필하던 어느 날 뜬금없이 큰언니가 대화창에 메시지를 올렸습니다.

"이거 아빠나무다."

이제까지 단 한 번도 아빠에 대해서 대화를 나눠본 적이 없었던 우리 자매들이기에 다들 무슨 말이냐고 물었습니다.

"아빠가 나랑 같이 리어카에서 파는 화분장사한테서 샀던 나무야. 잎 뒷면은 빨갛고 앞면은 호랑이 무늬가 있어서 신기해했던 거 같아. 그때가 84년 늦여름이었는데 그렇게 며칠인가 몇 주인가 지나서 아빠가 돌아가셨지…"

그리고 나서 칼라테아라는 신기한 나무 사진을 보여주었습니다. 꽃을 좋아하는 저이지만 한 번도 본 적이 없는 나무였습니다. 목포 시골 바닥에서 그 옛날에 그리도 귀한 나무를 팔고 있었다는 것도 신기했지만, 술이 담기지 않은 아버지의 모습이 담긴 이야기를 난생처음 들었기 때문에 더욱더 놀라웠습니다.

칼라테아 이야기를 시작으로 저희 자매들은 태어나서 처음으로 아빠에 대한 이야기를 나누었습니다. 무엇보다도 이 책을 집필하면서 저는 아버지에 대해 더 자세히 알고 싶었습니다. 큰언니가 태어나기도 전부터 아빠는 술을 드셨고 술을 안 드실 때는 한 방울도 입에 안 대셨지만 드실 때는 몇 날 며칠이고 식사도 하지 않고 장취를 하셨다고 큰언니가 말해주었습니다. 아버지의 초상날 붉은 전등의 작은 방에 언니들과 동생과 모여 앉아 놀았던 일, 아버지의 관이 무덤 속에 묻히자 마치 실성한 사람처럼 발광하고 몸부림치며 우는 어머니가 이상해서 웃었던 일이 제 기억 속에 존재합니다.

가끔 저는 '돌아가신 아빠도 생신이 있으셨을 텐데… 생신은 언제일까?'라고 생각한 적이 있었습니다. 큰언니는 아버지의 생신이 1948년 12월 26일이라는 것과 아버지가 마흔도 안 돼서 돌아가셨다는 사실을 가르쳐주었습니다. '마흔도 안 돼서 돌아가시다니…' 어린 자식들을 넷이나 남기고 그 젊은 나이에 돌아가실 때 어떤 심정이셨을지를 생각하니, 아버지가 돌아가신 나이를 알게 된 그날은 제 마음처럼 하늘이 우중충해 보였습니다.

■ 치유

알코올 사용장애라는 단어는 제가 항상 가장 피하고 숨고 싶었던 단어였습니다. 왜냐하면 제 아버지가 알코올 사용장애로 돌아가셨기 때문입니다. 저는 알코올 사용장애가 숨 막힌 시대를 살았던 부모님 세대의 병이라고 생각하고 있었습니다. 제 자신이 완전히 단주하기 위해 인터넷 단주카페에 가입하고 나서, 풍요롭다고 일컬어지는 대한민국에서 살아가는 20, 30대의 젊은 세대들 또한 지금 현재도 알코올 사용장애로 몸부림을 치고 있다는 사실을 알게 되었습니다.

제가 이 책을 쓰기 시작한 것은 2022년 1월부터, 그러니까 단주를 하기 시작하고 나서부터입니다. 단주에 실패한 5월부터 재단주에 들어간 9월까지 저는 이 책을 도저히 써나갈 수가 없었습니다. 제 자신이 단주를 하지 않는다면, 이 책이 설득력을 가질 수 없을 것이라고 생각되었기 때문입니다. 저는 왜 단주를 하여야 하는지, 술의 유혹이 무엇인지, 어떤 사고와 생각으로 술의 갈망을 이겨낼지에 대해서 제 자신의 경험을 참고로 하면서 이 책을 완성할 수 있었습니다.

이 책을 집필하면서 저는 제 인생에서 가장 중요한 질문 중 하나인 '왜 하나님께서는 나를 알코올 사용장애이셨던 아버지에게서 태어나게 하신 것인지, 왜 제 자신에게도 술로 인한 시련을 주시고 그것을 극복하게 하셨는지'에 대한 답을 얻을 수 있었습니다. 이 책의 집필은 제 자신의 마음속 깊이 자리한 지울 수 없는 묵은 상처를 치유하는 하나의 과정이 되었으며, 제가 아버지의 병을 올바르게 이해할 수 있는 계기가 되었습니다.

저는 밤에 아이들과 누워서 함께 잠들 때와, 새벽 일찍 일어나 기분 좋은 아침을 맞이할 때가 하루 중 가장 행복합니다. 만약 제가 단주하지 않았다면 술은 이러한 행복들을 저에게서 앗아갔을 것입니다. 저는 저와 제 가족들의 행복을 위해, 그리고 저의 단주가 알코올 사용장애로 고통받고 있는 누군가의 롤모델이 될 수 있기를 바라며 기쁜 마음으로 단주하였습니다. 단주는 제 인생에서 가장 현명한 선택이라고 믿습니다.

단주 88일째가 되었던 날, 저는 단주카페에서 제가 사용하는 아이디 앞에 평생단주를 선언하는 ALNA를 붙였습니다. ALNA는 All Life No Alcohol의 약자입니다. 단주를 하는 분들의 대부분이 가지고 있는 마음… 그것은 언젠가 자신이 다시 술을 마시고 무너질지도 모른다는 불안입니다. 그러나 평생단주를 선언함으로써 저에게는 그러한 불안의 일말조차 남지 않게 되었고, 조금이라도 저의 단주를 위협하는 유혹이 다가와도 결코 흔들리지 않게 되었습니다. 제가 활동하고 있는 카페에서는 다른 회원님들께서도 ALNA 선언에 동참하고 계십니다. 대한민국에서 ALNA의 선풍이 불어 전 세계로 퍼져 나가기를 감히 꿈꿔봅니다.

너무도 많은 사람들이 술에 들어 있는 알코올이 의존성 약물, 발암물질이라는 것과 술이 자신의 삶의 질을 저하시키고 있다는 사실을 모르는 체로, 지금 이 순간에도 술을 즐기고 있습니다. 그렇기에 단주를 한다는 것은 큰 행운입니다. 이 책을 읽으시는 독자님의 삶이 술의 지배로부터 해방되어 술이 아니었더라면 누릴 수 있는 그 행복들을 결코 포기하지 마시고 반드시 단주에 성공하시기를 바라며 이 책의 집필을 마칩니다.

- 2023년 1월

저자 **이국희**

감사의 말씀

자랑스러운 어머니 박영자님께 감사의 말씀을 드립니다.

사랑하는 친정식구들과 시댁식구들에게 고맙다는 말을 전합니다.

저에게 삶의 희망을 준 큰딸과 삶의 즐거움을 준 둘째딸, 그리고 티격태격은 하지만 항상 부부싸움에서 져주는 남편에게 사랑과 감사의 말을 전합니다.

저의 단주를 성공으로 이끌어주시고 항상 응원과 격려를 해주신 단주카페 회원님들에게 감사의 말씀을 드리며, 모든 회원님들의 단주성공과 행복을 진심으로 기원합니다.

귀하신 분들을 저의 인생에 보내주시고, 항상 저의 갈 길을 인도하여 주시는 하나님께 감사의 기도를 드립니다.

따뜻한 가정에서 태어나 자랐다면, 그 시대에 태어나지 않았다면, 적절한 치료를 받았다면… 어쩌면 아버지는 그렇게 돌아가시지 않았을지도 모릅니다. 아버지의 희생이 없었다면 이 책이 세상의 빛을 보는 일은 없었을 것입니다. 사랑하는 아버지 이춘성님께 감사의 말씀을 드립니다.

이 책은 예비사회적기업 durian coop의 도움으로 제작되었습니다.
https://durianad.modoo.at/

사회적기업은 사회서비스를 제공하고 취약계층에게
일자리를 창출하는 등 사회적 목적을 조직의 주된 목적으로 추구합니다.